『システム英単
Stage 3 (Advanced Stage)・Stage 4 (

# 「システム英単語カード ...の使い方」

## 英語を最短でおぼえるカード学習法

日本ではカード学習をしている人はあまり多くないかもしれませんが，アメリカでは外国語学習のためにカードを使うのが当たり前だそうです。また，さまざまな実験において《英語＋日本語訳》を同時に見るより，カードのように《英語＝？》，《日本語訳＝？》という形式で確認してゆく方が，すばやく長期記憶を作ることができると言われています。もちろん個人差はありますが，もしあなたがカード学習に向いているなら，４，５回ほどカードをチェックすれば，８割程度の単語の意味が１秒以内に言えるようになるでしょう。コツはたった１つ，カードを見たら必ず英語を声に出してください。

## 最小（minimal）の時間と労力で最大（maximal）の効果をあげよう！

このカードに収録されたminimal phrasesは，単なる例文ではありません。ひとつひとつの単語の使われ方を，およそ10,000回の入試問題の英文と，４億語の生きた英文データにもとづいて徹底解析し，選びぬいたものです。一見短いこのフレーズには，その単語の**もっともよく使われる語形**，**もっともよく結びつく前置詞**，**もっともよくつく修飾語**などの重要な情報がたくさん含まれています。また，それらの知識を学ぶときにじゃまになるような不要な語句は徹底的に省かれています。いわば**現代英語の濃縮エキス**です。**この意味・この形**でおぼえることは，最強の単語力獲得への最短距離です。

## 大好評のポイントチェッカー，語法Q&Aも収録，(　)埋め問題対策も万全

それぞれの単語には，おぼえるときの「ツボ」があります。シス単カードでは，**「語法をまちがえやすい」**，**「派生語の形がむずかしい」**，**「熟語に言いかえる問題が多い」**などの，「ツボ」となる知識もいっしょにチェックできるように，**ポイントチェッカー**，**語法Q＆A**を収録しました。またその単語とよく結びつく重要語や，to不定詞，Vingなどの語形，接続詞のthatなどは，フレーズの中で青字になっています。**出題の頻度が高い前置詞や特に重要なコロケーションなどは（　）になっているので**，穴埋め問題感覚でおぼえられます。

## システム英単語カード　基本的な使い方と「コツ」

カードの強みは，**おぼえたい単語だけをぬきだせる**こと，そして**おぼえる順番を変えられる**ことです。この長所を最大限に生かしてあなたの語彙力を飛躍させてください。

まず，おぼえたいステージのカードを切りはなし，品詞セクションごとにセットにしてリング（文房具店などにあります）やひもなどをカードの穴に通し，ばらばらにならないようにまとめます。そのとき**各ステージのセクション別の表紙用カード**がついていますから，これを各セットの最初に入れておけば整理に便利です。おぼえる作業をするときは，カードにリングをつけたままでもいいですが，下の説明**4**のやり方のように，**リングをはずしてカードの順番を変えながら**おぼえると効率が上がるでしょう。

### 1 あなたにとって最適なサイズを見つけよう

まず，おぼえたいステージのおぼえたい範囲を決めましょう。1日最低でも20枚，できれば50枚を目標にしましょう。

### 2 ミニマル・フレーズを声に出して，瞬時に意味を考えましょう

すぐに意味が浮かんだら合格です。（　）や アク? 名? などのポイントチェッカー，語法Q などがあるときはその答えも考えましょう。ただし，単語やフレーズの記憶に専念するときは，これらはあまり気にしなくてもいいでしょう。

### 3 裏面を見てフレーズの訳を確認しましょう

ポイントチェッカー，語法Q の答えもチェックしましょう。

### 4 カードをうしろにまわします

正解できたら，そのカードをセットの一番下にまわしましょう。時間がかかりすぎたり，まちがえたりしたときは，**セットの中ほどにカードをさしこみましょう**。難しいカードは**中ほどよりもっと上にさしこむのがコツ**。こうするとそのカードがまたすぐ出てくるので，すぐに復習ができます。正解したカードをどんどん抜いていき，**できないカードだけにしぼって反復する**のもいいでしょう。難単語も4，5回やればイメージができるはずです。

## その他の学習のヒント

### ★「日本語 ➡ 英語」でパワーアップ

英語のフレーズを見てすぐに意味が浮かぶようになったら，今度は逆に日本語の面を見て英語のフレーズを浮かべるトレーニングに挑戦しましょう。声に出したり，紙に書くのもいいでしょう。英語のフレーズをおぼえてしまえば，長期記憶にとどまりやすく，英作文の力にも大きなプラスになります。

### ★単語の訳だけおぼえる

このカードでは，ミニマル・フレーズの中心となる単語とその訳は青の大きな活字で印刷されています。フレーズでおぼえてしまったので単語だけで記憶を確かめたいという人は，カードを目から遠ざけ，この大きな青字だけを見ながらチェックしてみてください。

### ★余白を生かそう

カードにはかなりゆったりとした余白がとってあります。正解・不正解のチェックマーク，メモ，あなたが考えたポイントチェッカーやQ&Aなどを余白にどんどん書きこんで，あなただけのオリジナルなカードにしてください。

### ★反復で「過剰学習効果」を生みだそう

単語の知識を定着させるには，とにかく反復が大事です。「もう完全におぼえたな」と思っても，さらに2回，3回とチェックをくり返しましょう。こうすることで短期記憶が長期記憶モードへと移っていくのです。これを「過剰学習効果」と言います。

### ★書籍版でさらにくわしい知識を確認

カードにはミニマル・フレーズとポイントチェッカー，語法Q&Aのほか，重要な別の意味や短い語法の解説なども入っていますが，カードをマスターしたら，『システム英単語〈5訂版〉』でさらにくわしい意味や語法を学ぶことをおすすめします。

# ☆ カードの構成 ☆

● エントリー
1段目：stage 名
2段目：品詞（他には具体的な品詞が明記）
例：Fundamental Stage 動詞のエントリー。

● ミニマル・フレーズ
中心となる単語と日本語訳は青字(大)。出題頻度が高い前置詞や特に重要なコロケーションなどは，（　）の穴埋めまたは青字。

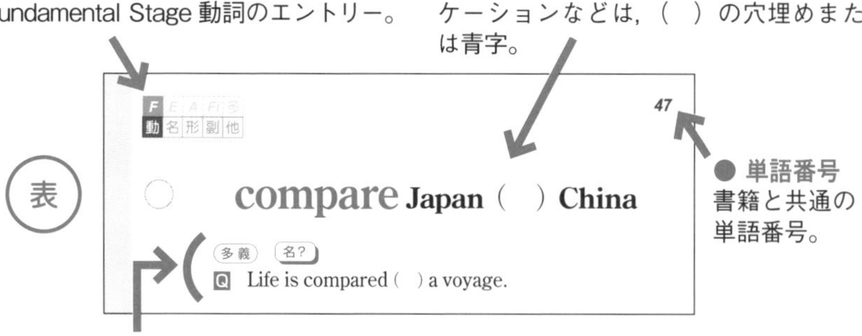


● 単語番号
書籍と共通の単語番号。

●「ポイントチェッカー」… その単語の，特に重要な派生語や反意語・同意語，出題頻度の高い発音・アクセントについてチェック！
●「語法Q&A」… その単語の語法や意味に関する重要事項をチェック！
● 多義 … 重要な意味が２つ以上あり，注意が必要なものをチェック！
（フレーズで使われている意味以外を裏面に記載）

裏

日本と中国を比較する（with）

多義「～をたとえる」「匹敵する，比べられる」
名 compárison「比較；たとえ」
A to「人生は航海にたとえられる」

● 答えを自分で考えてから，裏面の解答や解説を確認！

## 記号の意味

動？ 動詞形は何ですか？　名？ 名詞形は何ですか？　形？ 形容詞形は何ですか？
副？ 副詞形は何ですか？　同？ 同意語は何ですか？　反？ 反意語は何ですか？
同熟？ 同じ意味を表す熟語を答えなさい。　アク？ アクセントはどこにありますか？
発音？ （下線部を）どう発音しますか？（黙字の一部を除き，単語に下線があります。答えの動詞の発音記号は原形で示しています）　多義 重要な意味が２つ以上あるので注意。

動：動詞　名：名詞　形：形容詞　副：副詞　接：接続詞　前：前置詞
＝：同意語　⇔：反意語　例：例文　諺：ことわざ　◇：派生語・関連語
◆：熟語・成句　［　］：直前の語と入れ替え可　（　）：省略可能

巻末に，予備のカードと各ステージのセクション別の表紙用カードがあります。自分なりにカードを分類し，オリジナルの表紙をつけるのもよいでしょう。

1201

**submit** (　) **authority**

ルールに**従う**（**to**）

多義

Q　submit a report = (　) (　) a report

1202

be **tempted** (　) **call her**

小さな部屋に**閉じ込められる**（**to**）

名？

Q　a tempting offer の意味は？

1203

**The president will resign soon.**

小さい部品を**組み立てる**

同熟　put together, get together

F E **A** Fi 多
**動** 名 形 副 他

1204

**conform** (　　) **the rules**

権威に**服従する** (to)

(多義) 「〈案・書類など〉を提出する (= hand in)」

**A** hand in a report「報告書を提出する」

F E **A** Fi 多
**動** 名 形 副 他

1205

be **confined** (　　)
**a small room**

彼女に電話をかけ**たくなる** (to)

(名) temptátion「誘惑 (するもの)」

**A** 「魅力的な申し出」

F E **A** Fi 多
**動** 名 形 副 他

1206

**assemble small parts**

社長はまもなく**辞任する**

同熟? (2つ)

1207

I am **dedicated** (　) my work.

反応を**引き起こす**

1208

**advocate** peace

アク?

例 an advocate of human rights

市場が価格を**決める**

例「彼らの慣習では肉は食べられないと決まっている」

1209

a **thriving** economy

天然資源を**開発する**

F E A Fi 多 / 動 名 形 副 他

1210

**provoke** a reaction

私は仕事に**身をささげている**（to）

 devóte

F E A Fi 多 / 動 名 形 副 他

1211

The market **dictate**s prices.

例 Their custom dictates that they cannot eat meat.

平和を**主張する**

アク [ǽdvəkeit]　名 [ǽdvəkət]

例「人権の擁護者」

F E A Fi 多 / 動 名 形 副 他

1212

**exploit** natural resources

**繁栄する**経済

1213

**surrender** (　　) the US army

同熟？

風船のように**ふくらむ**

1214

accurately **reproduce** the sound

多義

木々が葉を**落とす**

1215

**acknowledge** that a problem exists

同？

長く**曲がりくねった**道

発音 [wáind]

A wound [wáund]　wound「傷」は [wú:nd]。なお，wind「風」の発音は [wínd]。

F E **A** Fi 多
**動** 名 形 副 他

1216

**swell** like a balloon

アメリカ軍に**降参する**（to）

同熟 give in

F E **A** Fi 多
**動** 名 形 副 他

1217

Trees **shed** their leaves.

正確に音を**再生する**

多義 「複製する（= copy）」「繁殖する；〈子〉を繁殖させる」

F E **A** Fi 多
**動** 名 形 副 他

1218

the long and **winding** road

発音？

Q 過去・過去分詞形woundの発音は？

問題があると**認める**

同 admít

1219

**cite** two examples

伝統に**縛られている**（by）

1220

F E A Fi 多
動 名 形 副 他

**digest** food

水に砂糖を**溶かす**

1221

F E A Fi 多
動 名 形 副 他

**skip** lunch

秘密の計画を**実行する**

1222

be **bound** (　) tradition

2つの例を**引き合いに出す**

F E A Fi 多
動 名 形 副 他

1223

**dissolve** sugar in water

食べ物を**消化する**

F E A Fi 多
動 名 形 副 他

1224

**implement** the secret plan

昼食を**抜く**

1225

**steer** the ship

法律に**違反する**

名 violátion「違反（行為）；侵害」

1226

**congratulate** you (　)
your success

アク？

Q He congratulated me (　) my victory.

彼は無罪だと**推定される**

副 presúmably「たぶん，おそらく（= probably）」

1227

a **designated** smoking area

新しいスタッフを**入れる**

1228

**violate** the law

名？

船を**操縦する**

1229 

He is **presumed** innocent.

副？

君の成功を**祝福する**（on）

アク [kəngrǽtʃuleit]

A on（穴埋め頻出！）

1230  

**recruit** new staff

**指定された**喫煙場所

1231

**His birthday coincides ( ) mine.**

名?

そのシャツは**縮む**だろう

多義 「〈量などが〉減る」「しり込みする」

1232

**enforce the new law**

親友を**裏切る**

1233

**people displaced by war**

多義

そのグループは10人から**構成される**

1234

The shirts will **shrink.**

多義

彼の誕生日は私のと**重なる**（with）

名 coíncidence「偶然の一致」

1235

**betray** a good friend

新しい法律を**施行する**

F E A Fi 多
動 名 形 副 他

1236

The group **comprises** ten members.

戦争で**国を追われた**人々

多義 「～にとって代わる（= take the place of）」

F E A Fi 多 動 名 形 副 他

1237

**indulge** (　　) bad habits

水に**突っ込む**（into）

F E A Fi 多 動 名 形 副 他

1238

**penetrate** deep into the jungle

ボールが**はね**返る

F E A Fi 多 動 名 形 副 他

1239

a **devastating** effect on nature

彼の言ったことと**矛盾する**

名 contradíction「矛盾」

形 contradíctory「矛盾した」

1240

**plunge** (　　) the water

悪い習慣に**ふける** (in)

1241

The ball **bounce**s back.

ジャングルに奥深く**入り込む**

1242

**contradict** what he said

自然に対する**壊滅的な**影響

1243

**prescribe** medicine

名?

道を**照らす**

多義 例「生命の起源を解明する」

F E A Fi 多
動 名 形 副 他

1244

**oppress** small nations

戦争の**引き金を引く**

1245

**cherish** a dream

千葉から東京に**通勤する**

1246

**illuminate** the road

多義 例 illuminate the origin of life

薬を**処方する**

名 prescríption「処方せん（薬）」「指示」

F E A Fi 多
動 名 形 副 他

1247

**trigger** war

小国を**しいたげる**

F E A Fi 多
動 名 形 副 他

1248

**commute** from Chiba to Tokyo

夢を**胸に抱く**

1249

**induce** deep sleep

血液や臓器を**提供する**

1250

F E A Fi 多
動 名 形 副 他

**utilize** waste materials

**かえった**ばかりのヒヨコ

諺「かえる前にヒヨコを数えるな」(とらぬ狸の皮算用)

1251

F E A Fi 多
動 名 形 副 他

The stick **snapped.**

**閉ざされた**空間で暮らす

1252

**donate** blood and organs

深い眠りを**誘う**

1253

a newly **hatched** chick

諺 Don't count your chickens before they are hatched.

廃棄物を**利用する**

1254

live in an **enclosed** space

棒が**ポキンと折れた**

1255

the **prevailing** view

形？

重労働を**強制される**（to）

同 force, oblíge

1256

**sigh** deeply

発音？

プレッシャーに**押しつぶされる**

1257

Oil **leaked** from the tank.

言語を**理解する**能力（to）

1258

be **compelled** (　　) work hard

同? (2つ)

**広まっている**考え方

形 prévalent「普及している，流布している」

1259

be **crushed** by the pressure

深く**ため息をつく**

発音 [sái]

F E A Fi 多
動 名 形 副 他

1260

the ability (　　) **comprehend** language

油がタンクから**漏れた**

1261

# negotiate for peace

名？

人生をゲームと**考える**（of）（as）

発音 [kənsíːv]

名 cóncept「概念，とらえ方」
conception「概念，考え方，想像（力）」「妊娠」

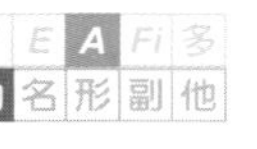

1262

# persist throughout life

形？

Q He persisted (　) talking.

損失を**埋め合わせる**（for）

アク [kámpənseit]

同熟 make up (for)

1263

# multiply by five

多義　名？　形？

計画を**中止する**

多義「～をつるす」

名 suspénse「不安，気がかり：サスペンス」

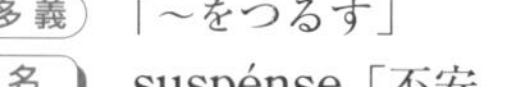

F E A Fi 多 / 動 名 形 副 他

1264

conceive (　) life (　) a game

発音？　名？ (2つ)

和平交渉をする

名 negotiátion「交渉，話し合い」

F E A Fi 多 / 動 名 形 副 他

1265

compensate (　) the loss

アク？　同熟？

生涯を通じて残る

形 persístent「持続する；ねばり強い，しつこい」

A in 「彼は辛抱強く話し続けた」

F E A Fi 多 / 動 名 形 副 他

1266

suspend the project

多義　名？

5倍に増える

多義「(＋A by B) A (数) にB (数) を掛ける」
「〈動・植物が〉繁殖する」

名 multiplicátion「増加，繁殖」

形 múltiple「複合的な，多様な (＝various)」

F E A Fi 多
動 名 形 副 他

1267

**stir emotions**

例 stir coffee

彼女の好奇心を**かきたてる**

発音 [əráuz]

F E A Fi 多
動 名 形 副 他

1268

**soak a towel in hot water**

多義

話し言葉は書き言葉に**先行する**

名 précedent「先例，前例」

F E A Fi 多
動 名 形 副 他

1269

**refine techniques**

水を飲めなく**する**

例「貢献する，奉仕する」= give

F E A Fi 多
動 名 形 副 他

1270

**arouse** her curiosity

発音？

感情を**かきたてる**

例「コーヒーをかき混ぜる」

F E A Fi 多
動 名 形 副 他

1271

Speech **precede**s writing.

名？

湯にタオルを**浸す**

多義 「びしょぬれにする」「(＋A up) Aを吸収する」

F E A Fi 多
動 名 形 副 他

1272

**render** water undrinkable

例 render service

技術に**磨きをかける**

1273

**mount** the engine in the car

多義 例 mounting pressure

真実を話す**勇気がある**人はいない（to）

1274

**retreat** to a safe distance

幅広い活動**範囲**

例「完全な球体」

1275

**startling** results

**一連**の事件

多義 例「適切な順序で」

1276

No one **dares** (　) tell the truth.

車にエンジンを**すえつける**

多義　例「増える重圧」= increase

F E A Fi 多
動 名 形 副 他

1277

a wide **sphere** of activity

安全な距離まで**退く**

例 a perfect sphere

F E A Fi 多
動 名 形 副 他

1278

a **sequence** of events

**驚くような**結果

多義　例 in the proper sequence

F E **A** Fi 多 / 動 **名** 形 副 他

1279

**a large deposit in the bank**

激しい**怒り**を感じる

多義 例 fatty deposit

F E **A** Fi 多 / 動 **名** 形 副 他

1280

**an opinion poll**

数**式**

多義 例 go to the polls

多義 「公式」「方法（= way），秘けつ，解決策」「決まり文句」

1281

**proceed（　）caution**

その映画の**筋**

形？

多義 「陰謀，たくらみ」「（土地の）区画」

1282

feel a great **rage**

多額の銀行**預金**

多義 例「脂肪沈着」

F E A Fi 多 / 動 名 形 副 他

1283

a mathematical **formula**

多義

世論**調査**

多義 例「投票に行く」

F E A Fi 多 / 動 名 形 副 他

1284

the **plot** of the movie

多義

**慎重**に進む（with）

形 cáutious「用心深い」

1285

**beyond the scope of science**

小さな**妥協**をする

F E A Fi 多
動 名 形 副 他

1286

**the socially accepted norm**

例 Nuclear families have become the norm in Japan.

生産**監督者**

1287

**look at them in disgust**

奇妙な**逆説**

1288

F E A Fi 多
動 名 形 副 他

make a small **compromise**

科学の**範囲**を越えて

1289

F E A Fi 多
動 名 形 副 他

a production **supervisor**

社会的に認められた**規範**

例「日本では核家族は普通になった」

1290

F E A Fi 多
動 名 形 副 他

a strange **paradox**

**反感**を持って彼らを見る

1291

**nerve tissue**

日本の社会**組織**

多義　例「綿織物」

F E A Fi 多 / 動 名 形 副 他

1292

**the breakdown of the family**

新聞**広告**

F E A Fi 多 / 動 名 形 副 他

1293

**a new peace initiative**

**頂上**に達する

多義　例 take the initiative in the game

多義　例「世界首脳会議」

1294

**the social fabric of Japan**

神経**組織**

多義 例 cotton fabric

1295

**newspaper publicity**

家庭の**崩壊**

F E A Fi 多 動 名 形 副 他

1296

**reach the summit**

新たな平和**構想**

多義 例 the World Summit

多義 例「ゲームで主導権をにぎる」

**1297**

F E A Fi 多 / 動 名 形 副 他

**a flock of white sheep**

諺 Birds of a feather flock together.

午後にうたた寝をする（**take**）

**1298**

F E A Fi 多 / 動 名 形 副 他

**prevent the spread of plague**

アメリカとその同盟国

**1299**

F E A Fi 多 / 動 名 形 副 他

**write a letter（　）haste**

彼の小説の最初の草稿

1300

(　　) a **nap** in the afternoon

白いヒツジの**群れ**

諺「同じ羽の鳥はいっしょに群れる」(類は友を呼ぶ)

1301

America and its **allies**

**疫病**の広がりを防ぐ

1302

the first **draft** of his novel

**あわてて**手紙を書く (in)

1303

a dramatic **spectacle**

形？

時差**ぼけ**で苦しむ

1304

the major **premise**

遺伝子**療法**

F E A Fi 多
動 名 形 副 他

1305

a valuable **asset**

あたたかい**もてなし**を受ける

1306

F E A Fi 多
動 名 形 副 他

**suffer from** jet **lag**

劇的な**光景**

形 spectácular「見ごたえのある」

1307

F E A Fi 多
動 名 形 副 他

**gene** **therapy**

大**前提**

1308

F E A Fi 多
動 名 形 副 他

**receive a warm** **reception**

価値ある**財産**

アク [ǽset]

1309

**organic compounds**

最悪の**不況**

1310

F E A Fi 多 / 動 名 形 副 他

**the blessings of nature**

Q blessed 形の発音は？

北**極**

多義 「棒」

1311

F E A Fi 多 / 動 名 形 副 他

**the sensation of flying**

人生に対する肯定的な**考え方** (on)

多義 例「中国経済の見通し」

**1312**

the worst economic **recession**

有機**化合物**

---

F E A Fi 多
動 名 形 副 他

**1313**

the North **Pole**

自然の**恵み**

多義

A [blésid]

---

F E A Fi 多
動 名 形 副 他

**1314**

a positive **outlook** (　　) life

飛んでいるような**感覚**

多義　例 China's economic outlook

1315

**every field of human endeavor**

訓練**期間**

多義 例「彼と会合する」

F E A Fi 多
動 名 形 副 他

1316

**war without mercy**

例 at the mercy of fate

形？

広**範囲**の関心事

F E A Fi 多
動 名 形 副 他

1317

**Chinese children work harder than ( ) Japanese counterparts.**

**ジャンク**フードを避ける

1318 

**a training session**

 例 have a session with him

人間**活動**のあらゆる分野

1319  

**a wide spectrum of interests**

**情け容赦**のない戦争

例「運命のなすがままに」

形 mérciful「慈悲［情け］深い」

F E A Fi 多
動 名 形 副 他

1320 

**avoid junk food**

中国の子供は日本の**子供**よりよく勉強する

**(their)**

1321

**the worship of God**

そのお金をもらう**権利がある**（to）

多義　例「『戦争と平和』と題された本」

1322

**be apt (　　) forget names**

同？（2つ）

遅れてくる**正当な**理由

多義　例「有効な契約」

1323

**a humble attitude**

多義

**かすかな**光が見える

多義　「動 気絶する」

F E A Fi 多 / 動 名 形 副 他

1324

be **entitled** (　　) the money

神に対する**崇拝**

多義 例 a book entitled *War and Peace*

F E A Fi 多 / 動 名 形 副 他

1325

a **valid** reason for being late

名前を忘れ**やすい**（to）

多義 例 a valid contract

同 líkely, líable

F E A Fi 多 / 動 名 形 副 他

1326

see a **faint** light

**謙虚な**態度

多義

多義 「粗末な」

1327

a **stiff** reply

多義

最も**深刻な**問題

多義 例「鋭い嗅覚」
「急性の病気」

1328

for some **obscure** reason

**何もせず**一日座っている

1329

survive the **fierce** competition

**粗末な**石器

1330

**the most acute problem**

多義 例 an acute sense of smell
an acute illness

堅苦しい答え

多義 「堅い」「〈競争などが〉厳しい」

1331

**sit idle all day**

はっきりとわからない理由で

1332

**crude stone tools**

激しい競争に生き残る

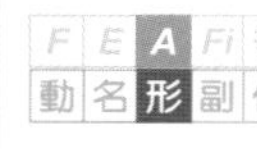

1333

**be jealous (　) his success**

Q She was jealous (　) his happiness.

頑固な父親

1334

**his pregnant wife**

まともな暮らしをする

 [dí:snt]

1335

**be liable (　) forget it**

例 be liable for damage

同? (2つ)

驚くべき記録

動 márvel「驚く（= wonder） 名驚くべきもの」

1336

**a stubborn father**

彼の成功を**ねたむ**（of）

A of「彼女は彼の幸福をねたんでいた」

1337

**make a decent living**

彼の**妊娠している**妻

1338

**a marvelous record**

それを忘れ**がちである**（to）

例「損害の責任がある」

同 likely, apt

1339

**a misleading expression**

イスラム世界で

1340

**synthetic fiber**

未来を予想する

1341

**classical music**

タオルで肌をこする

1342

in the **Muslim** world

誤解を招く 表現

1343

F E A Fi 多
動 名 形 副 他

**anticipate** the future

合成 繊維

1344

F E A Fi 多
動 名 形 副 他

**rub** the skin with a towel

クラシック 音楽

1345

**dispose ( ) garbage**

同熟？

経済を**活気づける**

1346

**refrain ( ) smoking**

車まで重いかばんを**引きずる**

1347

**accumulate knowledge**

ガイドラインを**修正する**

1348

**boost** the economy

ゴミを**処分する**（of）

同熟 get rid of

1349

**drag** a heavy bag to the car

タバコを吸うのを**控える**（from）

1350

**revise** the guidelines

知識を**蓄積する**

F E A Fi 多
動 名 形 副 他

1351

**scratch** your back

バラの花が**咲く**頃

F E A Fi 多
動 名 形 副 他

1352

**roar** like a lion

穴にかぎを**差し込む**

F E A Fi 多
動 名 形 副 他

1353

**quote** the Bible

心臓移植を**待つ**患者

1354

when roses **bloom**

君の背中を**かく**

1355

F E A Fi 多
動 名 形 副 他

**insert** the key into the hole

ライオンのように**ほえる**

1356

F E A Fi 多
動 名 形 副 他

patients **awaiting** a heart transplant

聖書を**引用する**

1357

**dread** going to the dentist

伝統に**固執する**（to）

stick

1358

**conceal** the fact (　　) him

同?

科学技術でアメリカに**まさる**

excél「～にまさる」

1359

Art **enrich**es our lives.

怒りを**抑える**

1360

**cling** (　　) **tradition**

同?

歯医者に行くのを**恐れる**

1361

**surpass the US in technology**

同?

彼に事実を**隠す**（**from**）

 hide

1362

F E A Fi 多
動 名 形 副 他

**suppress anger**

芸術は人生を**豊かにする**

F E A Fi 多
動 名 形 副 他

1363

**portray** natural beauty

暗闇で**ボーッと光る**

F E A Fi 多
動 名 形 副 他

1364

the **soaring** price of oil

カリフォルニアに**移住する**

F E A Fi 多
動 名 形 副 他

1365

**drain** water ( ) the tank

驚いて**叫ぶ**

1366

**glow** in the dark

自然の美を**描く**

F E A Fi 多
動 名 形 副 他

1367

**migrate** to California

**急上昇する**石油の価格

F E A Fi 多
動 名 形 副 他

1368

**exclaim** in surprise

タンクから水を**排出する**（from）

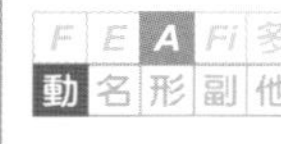

F E A Fi 多
動 名 形 副 他

1369

**exert** a strong influence

森の中に**住む**

F E A Fi 多
動 名 形 副 他

1370

**disguise** anger with a smile

社会に移民を**融けこませる**（into）

F E A Fi 多
動 名 形 副 他

1371

**accelerate** the process of reform

一晩中**泣く**

1372

F E **A** Fi 多
**動** 名 形 副 他

**dwell** in the forest

強い影響を**及ぼす**

1373

F E **A** Fi 多
**動** 名 形 副 他

**integrate** immigrants (　　) society

笑顔で怒りを**隠す**

1374

F E **A** Fi 多
**動** 名 形 副 他

**weep** all night long

改革の進行を**加速する**

F E A Fi 多
動 名 形 副 他

1375

**reassure** the patient

外国人と呼ばれるのに**腹を立てる**

1376

**crawl** into bed

子供たちに**大声で叫ぶ**

1377

**restrain** inflation

学生の能力を**評価する**

1378

**resent** being called foreigners

患者を**安心させる**

1379

**yell** at the children

ベッドまで**はって進む**

1380

**assess** students' ability

インフレを**抑制する**

1381

**carve** her name in stone

環境問題に**取り組む**

1382

**halt** global warming

その言葉を**省く**

同熟 leave out「～を省く」

1383

**inspect** the car (　　) defects

食べ物をよく**かむ**

1384

**tackle** environmental problems

石に彼女の名前を**彫る**

1385

**omit** the word

地球温暖化を**止める**

1386

**chew** food well

欠陥がないか車を**検査する**（for）

1387

動 名 形 副 他

**resume** normal activities

データを**消す**

1388

**mold** plastic products

文章から**推量する**ことができる (from)

1389

can **accommodate** 800 people

英国経済を**生き返らせる**

名 revival「生き返り，復活」

1390

**erase** the data

ふだんの活動を**再開する**

1391

can be **inferred** (　　) the passage

プラスチック製品を**作る**

F E A Fi 多
動 名 形 副 他

1392

**revive** the British economy

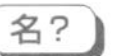

1393

**contemplate** marrying him

アク?

星によって**進路を決める**

1394

The earth **rotate**s once a day.

体中が**痛む**

F E A Fi 多
動 名 形 副 他

1395

**disrupt** their lives

古い考えを**捨てる**

1396

**navigate** by the stars

彼との結婚を**考える**

アク [kántəmpleit]

F E A Fi 多
動 名 形 副 他

1397

My whole body **ache**s.

地球は日に1回**回転する**

F E A Fi 多
動 名 形 副 他

1398

**discard** old ideas

彼らの生活を**かき乱す**

1399

**incorporate** the Internet
( ) the classroom

コンピュータを**操作する**

1400

**overtake** Japan in PC sales

子供たちの能力を**養う**

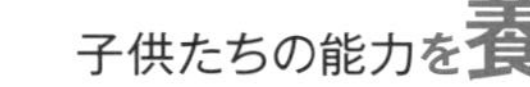

nóurishment「栄養，食物」

1401

**supplement** your diet

オレンジを**しぼる**

| | |
|---|---|
| F E **A** Fi 多 / **動** 名 形 副 他 — 1402<br>**manipulate** a computer | 教室にインターネットを**取り入れる**（into） |
| F E **A** Fi 多 / **動** 名 形 副 他 — 1403<br>**nourish** children's abilities<br>名？ | パソコンの売上で日本を**追い越す** |
| F E **A** Fi 多 / **動** 名 形 副 他 — 1404<br>**squeeze** an orange | 食事を**補う** |

1405

**depict** him (  ) a hero

医学部に**入学する**（in）

F E A Fi 多
動 名 形 副 他

1406

**distract** attention (  ) the problem

新しい科学技術を**育てる**

F E A Fi 多
動 名 形 副 他

1407

**disclose** his secret

将来のことを**推測する**

名 speculátion「思索，推測，憶測」「投機」

F E A Fi 多
動 名 形 副 他

1408

enroll (　) medical school

英雄として彼を描く (as)

F E A Fi 多
動 名 形 副 他

1409

nurture new technology

問題から注意をそらす (from)

F E A Fi 多
動 名 形 副 他

1410

speculate about the future

彼の秘密を暴露する

名？

F E A Fi 多 / 動 名 形 副 他

1411

**prolong** life

恐怖で**ふるえる**

F E A Fi 多 / 動 名 形 副 他

1412

**execute** the murderer

発音？

チャンスを**つかむ**

A by 「彼女の腕をつかむ」

F E A Fi 多 / 動 名 形 副 他

1413

**uncover** new evidence

奴隷制を**廃止する**

同熟 do away with

1414

**tremble with fear**

寿命を**延ばす**

F E A Fi 多
動 名 形 副 他

1415

**seize the opportunity**

Q seize her (  ) the arm

殺人犯を**処刑する**

発音 [éksəkjuːt]

F E A Fi 多
動 名 形 副 他

1416

**abolish slavery**

同熟？

新しい証拠を**明らかにする**

1417

**scold** **my son (　) being lazy**

自由な国に**逃げる**（**to**）

1418

**attain** **the goal**

他人を**怒らせる**のを避ける

名 offénse「罪，違反」「立腹，無礼」「攻撃（⇔defense）」

1419

**utter** **a word**

名？

Q 形容詞のutterの意味は？

私がやったと**告白する**

F E A Fi 多
動 名 形 副 他

1420

**flee ( ) free countries**

怠けたことで息子を**しかる** (for)

F E A Fi 多
動 名 形 副 他

1421

**avoid offending others**

名？

目標を**達成する**

F E A Fi 多
動 名 形 副 他

1422

**confess that I did it**

言葉を**発する**

名 útterance「言葉を発すること，発言」
A 「全くの，完全な」

F E A Fi 多
動 名 形 副 他

1423

**postpone** making a decision

同熟？

屋根にソーラーパネルを**備えつける**

1424

**drift** like a cloud

針金を**ねじ曲げる**

1425

**weave** cotton cloth

血液からDNAを**取り出す**（from）

F E A Fi 多
動 名 形 副 他

1426

**install** solar panels on the roof

決定するのを**延期する**

同熟 put off（言い換え頻出！）

F E A Fi 多
動 名 形 副 他

1427

**twist** a wire

雲のように**ただよう**

F E A Fi 多
動 名 形 副 他

1428

**extract** DNA (　　) blood

木綿の布を**織る**

F E **A** Fi 多
**動** 名 形 副 他

1429

**bump ( ) someone**

金持ちなのを**自慢する**（**of**）

F E **A** Fi 多
**動** 名 形 副 他

1430

**Don't despise poor people.**

同熟？

ヨーロッパ経済は**栄えている**

F E **A** Fi 多
**動** 名 形 副 他

1431

**tolerate pain**

安全規則を**無視する**

1432

**boast** (　　) **being rich**

人に**ぶつかる** (**into**)

1433

F E A Fi 多
動 名 形 副 他

**The European economy is flourishing.**

貧しい人を**軽蔑する**な

同熟 look down on

1434

F E A Fi 多
動 名 形 副 他

**disregard safety rules**

苦痛を**我慢する**

1435

**Don't tease me!**

互いに動きを**合わせる**

1436

**reinforce the belief**

退屈なときに**あくびをする**

F E A Fi 多
動 名 形 副 他

1437

**strive (　　) survive**

彼を**抱きしめ**キスする

1438

**coordinate** movements with each other

私を**からかう**な

1439

F E A Fi 多
動 名 形 副 他

**yawn** when you are bored

信念を**強める**

1440

F E A Fi 多
動 名 形 副 他

**hug** and kiss him

生き残るために**努力する**（to）

1441

**combat** global warming

**名声**と富を得る

形 fámous「有名な（= famed）」

1442

**knit** a sweater

Q a close-knit communityの意味は？

部屋の中が**めちゃくちゃ**だ

1443

mental **fatigue**

発音？ アク？

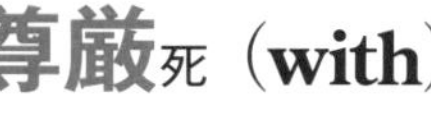

**尊厳**死（with）

1444

win fame and fortune

地球温暖化と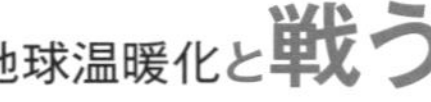

1445

The room is a mess.

セーターを編む

 「結びつきが緊密な地域社会」

1446

death ( ) 

精神疲労

 アク [fətíːg]

F E A Fi 多 / 動 名 形 副 他

1447

the Panama **Canal**

アク?

10分の**間隔**で（**at**）

アク [íntərvəl]

F E A Fi 多 / 動 名 形 副 他

1448

a long **drought** in Africa

発音?

彼が**荷物**を持つのを手伝う

同 bággage

A 不可算名詞だから many はつかない。I have a lot of luggage. が正しい。(many pieces of luggage は可)

F E A Fi 多 / 動 名 形 副 他

1449

give up in **despair**

クラスを**代表して**

1450

(　) **intervals** of ten minutes

アク？

パナマ**運河**

アク [kənǽl]

1451

help him with his **luggage**

同？

Q I have many luggages. の誤りは？

アフリカの長い**干ばつ**

発音 [dráut]

1452

F E A Fi 多 動 名 形 副 他

on **behalf** of the class

**絶望**してあきらめる

1453

feel an **impulse** (　　) shout

ばかげた**迷信**を信じる

1454

**debris** from an explosion

日本が安全だという**幻想**

1455

Beauty and the **Beast**

木綿の**糸**

[θréd]

1456

believe a foolish **superstition**

叫びたい**衝動**を感じる（to）

F E A Fi 多
動 名 形 副 他

1457

the **illusion** that Japan is safe

爆発による**破片**

F E A Fi 多
動 名 形 副 他

1458

cotton **thread**

美女と**野獣**

発音？

1459

**reduce salt intake**

戦争の**悲惨さ**

形 míserable「みじめな，不幸な」

1460

**invite guests to the feast**

危険な**放射線**

1461

**a seasonal transition**

**丸太**小屋

1462

**the misery of war**

形？

塩分の**摂取量**を減らす

1463

F E A Fi 多
動 名 形 副 他

**dangerous radiation**

**宴会**に客を招待する

1464

F E A Fi 多
動 名 形 副 他

**a log cabin**

季節の**移り変わり**

1465

F E A Fi 多
動 名 形 副 他

**reach consensus ( ) the issue**

ほめ言葉をありがとう

1466

F E A Fi 多
動 名 形 副 他

**do a good deed a day**

ろうそくの炎を見つめる

1467

**an old Chinese proverb**

例 as the proverb goes

2人の結婚記念日を祝う

1468

**Thank you for the compliment.**

その問題で**合意**に達する（**on**）

1469

**watch the candle flame**

1日に1つよい**行い**をする

1470

celebrate **their** wedding **anniversary**

古い中国の**ことわざ**

例「ことわざによると」

同 sáying

1471

Follow your conscience.

発音？

僕の毎月のこづかい

1472

an expedition to the moon

新聞の大見出し

F E A Fi 多
動 名 形 副 他

1473

produce offspring

平和条約に署名する

1474

**my monthly allowance**

自分の**良心**に従え

[kάnʃəns]

F E A Fi 多
動 名 形 副 他

1475

**a newspaper headline**

月世界**探検**

F E A Fi 多
動 名 形 副 他

1476

**sign a peace treaty**

**子孫**をつくる

1477

**a historical monument**

20巻の**百科事典**

1478

**a worm in the apple**

発音？

諺 The early bird catches the worm.

彼女の顔が**ちらり**と見える（**of**）

1479

**a good remedy for colds**

学校の**職員**

アク [pəːrsənél]

1480

a 20-volume **encyclopedia**

歴史的な**記念碑**

1481

catch a **glimpse** (　) her face

リンゴの中の**虫**

発音 [wə́ːrm]

諺「早起きは三文の得」

1482

school **personnel**

風邪のよい**治療法**

アク?

F E A Fi 多
動 名 形 副 他

1483

**the triumph of science**

土壌にすむ**微生物**

1484

**reading, writing, and arithmetic**

治療が成功する**可能性**

1485

**people with low self-esteem**

**混沌**とした社会

発音 [kéiɑs]

同 confúsion

1486

microbes in the soil

科学の勝利

---

F E A Fi 多
動 名 形 副 他

1487

the odds of successful treatment

読み書き算数

---

1488

a society in chaos

自尊心の低い人々

1489

control the **destiny** of mankind

同？

香港の**みやげ物**屋

F E A Fi 多
動 名 形 副 他

1490

a disk five inches
(　　) **diameter**

アク？

山の**小道**を歩く

F E A Fi 多
動 名 形 副 他

1491

win the **lottery**

10対1の**比率**

F E A Fi 多 動 名 形 副 他

1492

**a souvenir shop in Hong Kong**

人類の**運命**を支配する

同 fate「（悪い）運命」

F E A Fi 多 動 名 形 副 他

1493

**walk along a mountain trail**

**直径**5インチのディスク（**in**）

アク [daiǽmitər]

F E A Fi 多 動 名 形 副 他

1494

**a ratio of 10 to 1**

**宝くじ**に当たる

F E **A** Fi 多 動 **名** 形 副 他

1495

**fight with a sword** — 家庭の**雑用**を分担する

F E **A** Fi 多 動 **名** 形 副 他

1496

**blow a whistle** — **礼儀**正しい扱いを受ける

F E **A** Fi 多 動 **名** 形 副 他

1497

**public sentiment against slavery** — ニューヨーク**市長**

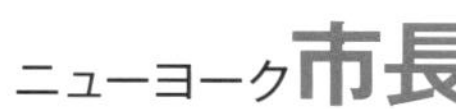

F E A Fi 多
動 名 形 副 他

1498

share household **chores**

**剣**で戦う

発音 [sɔ́ːrd]

F E A Fi 多
動 名 形 副 他

1499

be treated with **courtesy**

**笛**を吹く

F E A Fi 多
動 名 形 副 他

1500

the New York City **mayor**

奴隷制に対する国民**感情**［世論］

1501

**video surveillance systems**

警察**本部**

F E A Fi 多
動 名 形 副 他

1502

**a big black trash bag**

同？

広大な**荒野**を探検する

発音 [wíldərnəs]

F E A Fi 多
動 名 形 副 他

1503

**gain wealth and prestige**

太陽を回る地球の**軌道**

F E A Fi 多
動 名 形 副 他

1504

police **headquarters**

映像**監視**システム

F E A Fi 多
動 名 形 副 他

1505

explore the vast **wilderness**

発音？

大きな黒い**ゴミ**袋

同 rúbbish「がらくた（= garbage）」「ばかげた事」

F E A Fi 多
動 名 形 副 他

1506

the earth's **orbit** around the sun

富と**名声**を手に入れる

1507

have a personal **bias** against women

同？

心理学の**領域**で

1508

the **Republic** of Ireland

青いガラスの**破片**

1509

This house is a **bargain**.

アンドロメダ**星雲**

1510

F E A Fi 多
動 名 形 副 他

in the **domain** of psychology

女性に対して個人的**偏見**を持つ

同 préjudice

1511

F E A Fi 多
動 名 形 副 他

a **fragment** of blue glass

アイルランド**共和国**

1512

F E A Fi 多
動 名 形 副 他

the Andromeda **Galaxy**

この家は**掘り出し物**だ

F E **A** Fi 多
動 **名** 形 副 他

1513

sit on mother's **lap**

**歩行者**の安全

F E **A** Fi 多
動 **名** 形 副 他

1514

the **deadline** (　　) the report

**機知**に富んだ会話

形 wítty「機知のある，気の利いた」

F E **A** Fi 多
動 **名** 形 副 他

1515

faster than a **bullet**

発音？

他人の**迷惑**

アク [njú:səns]

1516

the safety of **pedestrians**

母親の**ひざ**の上に座る

1517

F E A Fi 多
動 名 形 副 他

a conversation full of **wit**

形？

レポートの**締め切り**（for）

1518

F E A Fi 多
動 名 形 副 他

a **nuisance** to others

**弾丸**よりも速く

発音 [búlit]

1519

meet the **criteria** (　　) safety

**歩道**を歩く

同 sídewalk「《米》歩道」
動 pave「〈道路〉を舗装する」

F E A Fi 多
動 名 形 副 他

1520

face economic **hardship**

英国**海軍**

F E A Fi 多
動 名 形 副 他

1521

the **glory** (　　)
the British Empire

映画の**台本**

1522

walk along the **pavement**

動？

安全**基準**を満たす（for）

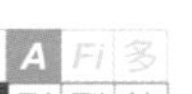


1523

the British **Navy**

経済的**苦難**に直面する

F E A Fi 多
動 名 形 副 他

1524

a movie **script**

大英帝国の**栄光**（of）

1525

**the old-age pension**

肌に**水分**を加える

F E A Fi 多
動 名 形 副 他

1526

**the province of Quebec**

革のひじ**当て**

◆「太平洋ゴミベルト地帯」
★プラスチックなどの海洋ゴミが多い海域。

1527

**a surplus of food**

**高度**3万フィートで（**at**）

1528

add **moisture** to the skin

老齢**年金**

1529

a leather elbow **patch**

◆the Great Pacific Garbage Patch

ケベック**州**

1530

(　) an **altitude** of 30,000 feet

食糧の**余剰**

1531

**The thermometer shows 0℃.**

人間と他の**霊長類**

1532

**pay college tuition**

彼の主張に**欠陥**を見つける (**in**)

1533

**send Japanese troops abroad**

彼の息子と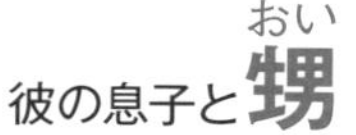

1534

F E A Fi 多
動 名 形 副 他

humans and other **primate**s

**温度計**が0℃を示す

アク [θərmámətər]

1535
F E A Fi 多
動 名 形 副 他

find **flaw**s (　　) his argument

大学の**授業料**を支払う

1536
F E A Fi 多
動 名 形 副 他

his son and **nephew**

日本の**軍隊**を海外に送る

1537

F E A Fi 多
動 名 形 副 他

wear a silk **garment**

**古代**の美術

1538

F E A Fi 多
動 名 形 副 他

the **diagnosis** of disease

その金の**ほんの一部**（of）

1539

F E A Fi 多
動 名 形 副 他

industry and **commerce**

運命の**皮肉**

1540

F E **A** Fi 多
動 **名** 形 副 他

the art of **antiquity**

絹の**衣服**を身につける

1541

F E **A** Fi 多
動 **名** 形 副 他

a small **fraction** (　)
the money

病気の**診断**

1542

F E **A** Fi 多
動 **名** 形 副 他

the **irony** of fate

工業と**商業**

アク [kámərs]

1543

have a **nightmare**

食品の**腐敗**を防ぐ

1544

a **defect** (　　) the structure

土壌の**浸食**を防ぐ

1545

a birth **certificate**

幸福の**秘けつ**

アク?

1546

F E A Fi 多
動 名 形 副 他

prevent the **decay** of food

悪夢を見る

1547

F E A Fi 多
動 名 形 副 他

prevent soil **erosion**

構造上の欠陥（in）

1548

F E A Fi 多
動 名 形 副 他

a **recipe** for happiness

出生証明書

アク [sərtífikət]

1549

the human **skeleton**

**認知症**の症状

F E A Fi 多
動 名 形 副 他

1550

the **grace** of her movements

**肉**と血

F E A Fi 多
動 名 形 副 他

1551

visit some Paris **landmark**s

地球との**衝突**（with）

1552

the symptoms of **dementia**

1553

F E A Fi 多
動 名 形 副 他

**flesh** and blood

彼女のしぐさの**優雅さ**

1554

F E A Fi 多
動 名 形 副 他

**collision** (　) the earth

パリの**名所**を訪ねる

F E **A** Fi 多
動 **名** 形 副 他

1555

a **hazard** to health

技術の**飛躍的進歩**（in）

F E **A** Fi 多
動 **名** 形 副 他

1556

the **tomb** of the unknown soldier

発音？

**革**のかばん

F E **A** Fi 多
動 **名** 形 副 他

1557

take daily **injection**s

**宝石**店

1558

a breakthrough (　)
technology

健康にとって危険なもの

1559

F E A Fi 多
動 名 形 副 他

a leather bag

無名戦士の墓

発音 [tú:m]

1560

F E A Fi 多
動 名 形 副 他

a jewelry store

毎日注射を受ける

F E A Fi 多 動 名 形 副 他

1561

read nonverbal **cue**s

輸出向けの**商品**

F E A Fi 多 動 名 形 副 他

1562

Call an **ambulance** right away.

**出発**時刻を確認する

反 arríval「到着」

動 depárt「出発する（= set out, set off）」

F E A Fi 多 動 名 形 副 他

1563

a real **estate** agent

新しい**段階**に入る

F E A Fi 多
動 名 形 副 他

1564

an export **commodity**

非言語的な**合図**を読み取る

F E A Fi 多
動 名 形 副 他

1565

check the **departure** time

反？ 動？

すぐに**救急車**を呼べ

F E A Fi 多
動 名 形 副 他

1566

enter a new **phase**

**不動産**業者

アク [istéit]

F E A Fi 多
動 名 形 副 他

1567

a car **thief**

彼の死に深い**悲しみ**を感じる

F E A Fi 多
動 名 形 副 他

1568

**Saint** Valentine

追い越し**車線**を走る

F E A Fi 多
動 名 形 副 他

1569

painting and **sculpture**

ライオンのような**捕食動物**

1570

feel deep **grief** over his death

車泥棒

F E A Fi 多
動 名 形 副 他

1571

drive in the fast **lane**

聖バレンタイン

F E A Fi 多
動 名 形 副 他

1572

**predator**s like lions

絵と彫刻

1573

**fluids like water and air**

イラクへの軍事**介入**（in）

1574

**an incentive (　) work**

大**差**で勝つ

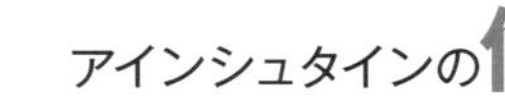 márginal「端の，重要でない（= unimportant）」

1575

**the bride and her father**

アインシュタインの**伝記**

 [baiágrəfi]

1576

military **intervention** (　　) Iraq

水や空気のような**流体**

1577

F E A Fi 多
動 名 形 副 他

win by a wide **margin**

形？

仕事の**はげみ** (to)

1578

F E A Fi 多
動 名 形 副 他

a **biography** of Einstein

アク？

**花嫁**とその父

1579

F E A Fi 多
動 名 形 副 他

marry without parental **consent**

アク?

「人種のるつぼ」という**比喩**

1580

F E A Fi 多
動 名 形 副 他

a smoking **volcano**

銃規制の**法律**

1581

F E A Fi 多
動 名 形 副 他

anti-government **rebel**s

**雷**に打たれる

1582

the **metaphor** of the "melting pot"

親の**同意**なしに結婚する

アク [kənsént]

1583

F E A Fi 多
動 名 形 副 他

gun control **legislation**

噴煙を上げる**火山**

1584

F E A Fi 多
動 名 形 副 他

be struck by **lightning**

反政府の**反逆者**たち

1585

**the use of pesticides**

細かいほこりの粒子

F E A Fi 多 動 名 形 副 他

1586

**write a newspaper column**

2人の学生の対話

F E A Fi 多 動 名 形 副 他

1587

**spread a rumor about a ghost**

幼稚園で英語を学ぶ

F E A Fi 多
動 名 形 副 他

1588

tiny **dust** particles

**殺虫剤**の使用

F E A Fi 多
動 名 形 副 他

1589

a **dialogue** between two students

新聞の**コラム**を書く

F E A Fi 多
動 名 形 副 他

1590

learn English in **kindergarten**

幽霊の**うわさ**を広める

1591

a patient with type 2 **diabetes**

源氏物語の第1**章**

1592

the risk of **obesity**

◇lów-fát

バッキンガム**宮殿**

1593

get a **patent** for a new invention

**洗濯**をする

1594

the first **chapter** of The Tale of Genji

2型**糖尿病**の患者

1595

Buckingham **Palace**

**肥満**の危険

◇「低脂肪（の）」

1596

do the **laundry**

新発明の**特許**を取る

1597

**patients in the ward**

例 Setagaya Ward

考古学者に発見された骨

1598

**at the outbreak of the war**

◆break out

政治の腐敗

F E A Fi 多
動 名 形 副 他

1599

**solve a difficult equation**

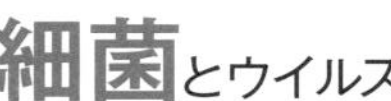


細菌とウイルス

1600

bones found by an **archaeologist**

**病棟**の患者

例「世田谷区」

F E A Fi 多
動 名 形 副 他

1601

political **corruption**

戦争が**ぼっ発**したとき

◆「〈戦争などが〉急に起こる，ぼっ発する」

F E A Fi 多
動 名 形 副 他

1602

**germ**s and viruses

難しい**方程式**を解く

1603 

**have revenue of $100,000**

反？

アメリカの幼児**死亡**率

形 mórtal「死ぬべき運命の　名 人間」

1604 

**rely on your spouse**

エコノミークラス**症候群**

1605

**cholera epidemic**

**小売り**の値段

1606

America's infant **mortality** rate

形？

10万ドルの収入がある

反 expénditure「支出」

1607

economy class **syndrome**

配偶者に頼る

F E A Fi 多
動 名 形 副 他

1608

the **retail** price

コレラの流行

1609

take a large **dose** (　　) vitamin C

2つの植物の**交配種**

1610

F E A Fi 多
動 名 形 副 他

alcoholic **beverage**s

バラの甘い**香り**

発音 [sént]

1611

F E A Fi 多
動 名 形 副 他

regulate **metabolism**

眼の**炎症**を軽減する

1612

a **hybrid** of two plants

大**量**のビタミンCを服用する（of）

F E A Fi 多
動 名 形 副 他

1613

the sweet **scent** of roses

発音？

アルコール**飲料**

F E A Fi 多
動 名 形 副 他

1614

reduce **inflammation** in the eye

**新陳代謝**を調整する

1615

**take sleeping pills**

政府に**反感を持つ**（to）

名 hostílity「敵意」

1616

**be in grave danger**

水は生命にとって**不可欠だ**（to）

同 esséntial, nécessary, vítal

1617

**fertile soil**

◆total fertility rate

情報**志向の**社会

名 orientátion「適応；方向づけ，オリエンテーション」

1618

F E **A** Fi 多
動 名 **形** 副 他

be **hostile** (　)
the government

名?

睡眠**薬**を飲む

1619

F E **A** Fi 多
動 名 **形** 副 他

Water is **indispensable** (　)
life.

同? (3つ)

**重大な**危機にある

1620

F E **A** Fi 多
動 名 **形** 副 他

an information-**oriented**
society

名?

**肥えた**土壌

◆「合計特殊出生率」　★女性１人の平均出産数。

F E **A** Fi 多
動 名 **形** 副 他

1621

a **splendid** view

**わかりやすい**言葉遣い

F E **A** Fi 多
動 名 **形** 副 他

1622

a **competent** teacher

アク? 名?

イスラム教徒の**聖**地

F E **A** Fi 多
動 名 **形** 副 他

1623

**supreme** joy

**大胆な**行動をとる

A 「はげた」 [bɔ́ːld]

1624

F E A Fi 多 / 動 名 形 副 他

**straightforward language**

すばらしい景色

1625

F E A Fi 多 / 動 名 形 副 他

**a land sacred to Islam**

有能な教師

アク [kámpətənt]

名 cómpetence「能力，力量」

1626

F E A Fi 多 / 動 名 形 副 他

**take bold action**

Q bald の意味と発音は？

1627

**feel uneasy about the future**

**にせ物の**ケーキを作る

1628

**neat clothes**

**表面的な**違い

1629

**a shallow river**

まったく**ばかげた**考え

1630

make a **fake** cake

将来について**不安な**気持ちになる

1631

F E A Fi 多
動 名 形 副 他

a **superficial** difference

**きちんとした**服

1632

F E A Fi 多
動 名 形 副 他

a completely **absurd** idea

**浅い**川

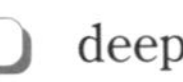

deep「深い」

F E A Fi 多
動 名 形 副 他

1633

fragile items

それぞれの地区の学校

F E A Fi 多
動 名 形 副 他

1634

a girl from a respectable family

すばらしい光景

F E A Fi 多
動 名 形 副 他

1634-2

be respectful (　) elders

無限の数の星

アク [ínfənət]

1634-3

schools in the **respective** areas

**壊れやすい**物

F E A Fi 多
動 名 形 副 他

1635

a **magnificent** view

**ちゃんとした**家の娘

F E A Fi 多
動 名 形 副 他

1636

an **infinite** number of stars

年上の人に**敬意を表する**（to）

アク？

1637

a **comprehensive** study

次に起こる出来事に備える

1638

a **steep** slope

例 a steep rise in prices

私の心からの謝罪

発音 [sinsíər]

1639

F E A Fi 多
動 名 形 副 他

the **gross** domestic product

有毒なガス

F E A Fi 多
動 名 形 副 他

1640

prepare for subsequent events

包括的研究

F E A Fi 多
動 名 形 副 他

1641

my  sincere apologies

発音？

険しい坂

例「物価の急な上昇」

F E A Fi 多
動 名 形 副 他

1642

a toxic gas

国内総生産（＝GDP）

発音 [gróus]

1643

**take a neutral position**

汚染された水を飲む

1644

**a diligent student**

同?（2つ）

あいまいな表現

A vagueは「漠然とした，ぼやけた」。

1645

**have a sore throat**

Q 同音の動詞は？

口述の試験

1646

**drink contaminated water**

中立の立場をとる

1647

**an**  **ambiguous expression**

Q vagueとどう違う？

勤勉な学生

同 hárdwórking, indústrious

F E A Fi 多
動 名 形 副 他

1648

**an**  **oral examination**

のどが痛い

A soar「舞い上がる：急に増える」

1649

**spend a restless night**

莫大な量の情報

1650

**smell like rotten eggs**

大都市圏

1651

**vigorous activity**

約束の時間をきっちり守る

名?

1652

an **immense** amount of information

落ち着かない夜を過ごす

1653

F E A Fi 多 / 動 名 形 副 他

**metropolitan** areas

腐った卵のようににおう

1654

F E A Fi 多 / 動 名 形 副 他

be **punctual** for an appointment

精力的な活動

名 vígor「精力，活力，力強さ」

1655

F E A Fi 多 / 動 名 形 副 他

a **solitary** old man

名?

不快なにおい

1656

take **collective** action

無力な赤ん坊

1657

F E A Fi 多 / 動 名 形 副 他

break off **diplomatic** relations

明確な指示を与える

反 implícit「遠回しの，暗黙の」

1658

F E **A** Fi 多
動 名 **形** 副 他

a **nasty** smell

**孤独な**老人

名 sólitude「孤独，寂しさ」

1659

F E **A** Fi 多
動 名 **形** 副 他

a **helpless** baby

**集団**行動を起こす

1660

F E **A** Fi 多
動 名 **形** 副 他

give **explicit** instructions

反？

**外交**関係を断絶する

1661

**His company** went **bankrupt.**

すっぱいブドウ

1662

**the hope of** eternal **life**

注目すべき例外

F E A Fi 多
動 名 形 副 他

1663

**the** sole **survivor**

裕福な社会

1664

sour grapes

彼の会社は破産した

F E A Fi 多
動 名 形 副 他

1665

a notable exception

永遠の命の望み

F E A Fi 多
動 名 形 副 他

1666

an affluent society

唯一の生存者

F E A Fi 多
動 名 形 副 他

1667

a naked man

発音？

**空いている**席に座る

名 vácancy「空虚；空いたところ，空室」

A empty は容器などの中身がないことを表す。たとえば，an empty bottle と言えるが，a vacant bottle とは言えない。

F E A Fi 多
動 名 形 副 他

1668

the vocal organ

在来と**外来の**動物

F E A Fi 多
動 名 形 副 他

1669

feminine beauty

反？

**厳格な**規則

1670

sit down in a **vacant** seat

名？
Q empty はどう違う？

裸の男

発音 [néikid]

F E A Fi 多
動 名 形 副 他

1671

native and **exotic** animals

発声器官

F E A Fi 多
動 名 形 副 他

1672

**rigid** rules

女性の美しさ

反 másculine「男性的な」

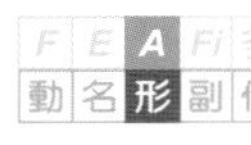

1673

**humid** summer weather

攻撃を**受けやすい** (to)

1674

an **outstanding** scholar

**自然に起こる**笑い

1675

be **addicted** (　) drugs

金に**どん欲だ**

1676

F E **A** Fi 多 / 動 名 **形** 副 他

be **vulnerable** (　) attack

夏の**蒸し暑い**天気

1677

F E **A** Fi 多 / 動 名 **形** 副 他

**spontaneous** laughter

**傑出した**学者

1678

F E **A** Fi 多 / 動 名 **形** 副 他

be **greedy** for money

麻薬**中毒である**（to）

1679

a **trivial** matter

前途有望な新人女優

1680

F E A Fi 多
動 名 形 副 他

Japan's **per capita** income

生理的な反応

1681

F E A Fi 多
動 名 形 副 他

the risks **inherent** (　　)
the sport

新薬の臨床試験

1682

**a** **promising** **new actress**

ささいな事柄

1683

F E A Fi 多
動 名 形 副 他

**physiological** **reactions**

日本の一人当たりの国民所得

1684

F E A Fi 多
動 名 形 副 他

**clinical** trials **of new drugs**

そのスポーツに元から伴う危険（**in**）

1685

F E **A** Fi 多
動 名 **形** 副 他

**chronic** disease

先天的な学習能力

1686

F E **A** Fi 多
動 名 **形** 副 他

divisions of **geological** time

あらゆる音に用心する（to）

1687

F E **A** Fi 多
動 名 **形** 副 他

**countless** species of insects

自動運転車

F E A Fi 多 / 動 名 形 副 他

1688

**innate** ability to learn

**慢性の**病気

反 acúte「急性の」

F E A Fi 多 / 動 名 形 副 他

1689

be **alert** (　　) every sound

**地質学的な**時代区分

F E A Fi 多 / 動 名 形 副 他

1690

**autonomous** cars

**無数の**種類の昆虫

1691

occur **simultaneously**

**必ずしも**本当でない

1692

**utterly** different from others

彼はいつも真実を述べ,
**そうすることで**, 面倒を避けている

1693

change **drastically**

**率直に**話す

1694

not **necessarily** true

同時に起こる

F E A Fi 多
動 名 形 副 他

1695

He always tells the truth, **thereby** avoiding trouble.

他人とまったく異なる

F E A Fi 多
動 名 形 副 他

1696

speak **frankly**

劇的に変化する

F E A Fi 多
動 名 形 副 他

1697

the two cities, **namely**, Paris and Tokyo

燃料不足**のために**（to）

F E A Fi 多
動 名 形 副 他

1698

He tried hard, **hence** his success.

F E A Fi 多
動 名 形 副 前

1699

pay bills **via** the Internet

1700

**owing ( ) lack of fuel**

その2つの都市, **すなわち**パリと東京

F E A Fi 多
動 名 形 副 他

彼は努力した。**だから**成功した。

F E A Fi 多
動 名 形 副 他

インターネット**経由で**代金を払う

同熟 by way of

1701

**clarify** the meaning of the word

警察を**呼ぶ**

F E A Fi 多
動 名 形 副 他

1702

**smash** a bottle

窓を**粉々にする**

F E A Fi 多
動 名 形 副 他

1703

**mourn** Gandhi's death

私の記憶に**残る**

1704

**summon** the police

単語の意味を**明らかにする**

F E A Fi 多
動 名 形 副 他

1705

**shatter** windows

ビンを**粉々に砕く**

F E A Fi 多
動 名 形 副 他

1706

**linger** in my memory

ガンジーの死を**悲しむ**

1707

**lament** the shortness of life

資源を**配分する**

1708

be **endowed** (　　) a talent

彼の顔を**ピシャリと打つ**

1709

**rejoice** in the success

お金で幸福は買えないと**主張する**

1710

**allocate resources**

人生の短さを**嘆く**

1711

**slap his face**

才能に**恵まれる**（with）

1712

**contend** that **money cannot buy happiness**

成功を**喜ぶ**

F E A Fi 多 動 名 形 副 他 1713

**swear** never to drink again

障壁を**築く**

F E A Fi 多 動 名 形 副 他 1714

can **discern** the difference

法廷で**証言する**

名 téstimony「証言，証拠」

F E A Fi 多 動 名 形 副 他 1715

**degrade** the environment

行動へと彼を**駆りたてる**

1716

F E A Fi 多
動 名 形 副 他

**erect** barriers

二度と酒を飲まないと**誓う**

1717

F E A Fi 多
動 名 形 副 他

**testify** in court

名？

違いを**識別する**ことができる

1718

F E A Fi 多
動 名 形 副 他

**spur** him into action

環境を**悪化させる**

1719

**roam** the streets freely

重力に**逆らう**

F E A Fi 多
動 名 形 副 他

1720

**frown** (　　) smoking

公園を**ぶらつく**

F E A Fi 多
動 名 形 副 他

1721

**lure** tourists to Japan

窓を**がたがた鳴らす**

**1722**

**defy gravity**

自由に街を**歩き回る**

F E A Fi 多
動 名 形 副 他

**1723**

**stroll in the park**

喫煙に**まゆをひそめる**（on）

F E A Fi 多
動 名 形 副 他

**1724**

**rattle the windows**

日本に観光客を**呼び込む**

1725

**reconcile** religion (　) science

学習能力を**低下させる**

1726

**blur** the distinction

基準に**従う**（with）

1727

**soothe** a crying child

耳に**穴をあける**

1728

F E A Fi 多
動 名 形 副 他

**impair** learning ability

宗教と科学を**調和させる**（with）

1729

F E A Fi 多
動 名 形 副 他

**comply** (　　) the standards

区別を**ぼやかす**

1730

F E A Fi 多
動 名 形 副 他

**pierce** my ears

泣く子供を**なだめる**

1731

**stumble** on the stairs

時代の精神を**具現する**

F E A Fi 多
動 名 形 副 他

1732

**hinder** economic development

獲物に**忍び寄る**

F E A Fi 多
動 名 形 副 他

1733

**mock** her efforts

日本は安全だと**宣言する**

1734

**embody** the spirit of the age

階段で**つまずく**

1735

F E A Fi 多
動 名 形 副 他

**stalk** the prey

経済の発展を**さまたげる**

1736

F E A Fi 多
動 名 形 副 他

**proclaim** that Japan is safe

彼女の努力を**あざける**

1737

The audience **applaud**s.

人々はその地域から**避難した**

1738

**inflict** pain (   ) other people

一度したことは**元に戻ら**ない

1739

**merge** (   ) the company

彼のわき腹を**突く**

F E A Fi 多
動 名 形 副 他

1740

People were **evacuated** from the area.

観客が**拍手する**

F E A Fi 多
動 名 形 副 他

1741

What is done cannot be **undone.**

人に苦痛を**与える**（on）

F E A Fi 多
動 名 形 副 他

1742

**poke** him in the ribs

その会社と**合併する**（with）

1743

**be haunted by memories of war**

花は寒さで**しぼむ**だろう

F E A Fi 多
動 名 形 副 他

1744

**adhere (　) the international standards**

聴衆を**びっくりさせる**

1745

**compile a list of customers**

食べ物で**のどがつまる**

1746

The flowers will **wither** in the cold.

戦争の記憶に**つきまとわれる**

1747

**stun** the audience

国際基準を**固く守る**（to）

1748

**choke** on a piece of food

顧客のリストを**まとめる**

1749

F E A Fi 多
動 名 形 副 他

His health will **deteriorate.**

古いeメールを**削除する**

1750

F E A Fi 多
動 名 形 副 他

**dump** garbage in the street

バクテリアの成長を**阻害する**

1751

**murmur** in a low voice

事実から注意を**そらす**（from）

1752

**delete** old emails

彼の健康状態は**悪化する**だろう

F E A Fi 多
動 名 形 副 他

1753

**inhibit** the growth of bacteria

通りにゴミを**捨てる**

F E A Fi 多
動 名 形 副 他

1754

**divert** attention (　　) the fact

低い声で**つぶやく**

F E A Fi 多
動 名 形 副 他

1755

**tame** wild animals

異なる文化に**浸る**（in）

F E A Fi 多
動 名 形 副 他

1756

**reap** large rewards

私の免許は来月に**期限が切れる**

F E A Fi 多
動 名 形 副 他

1757

**affirm** that it is true

新しい冒険に**乗り出す**（on）

F E A Fi 多 / 動 名 形 副 他

1758

be **immersed** (　　) a different culture

野生動物を**飼いならす**

F E A Fi 多 / 動 名 形 副 他

1759

My license **expire**s next month.

大きな報酬を**手に入れる**

F E A Fi 多 / 動 名 形 副 他

1760

**embark** (　　) a new adventure

それは本当だと**断言する**

1761

**vow** to fight

自由を**切望する**（for）

1762

**foresee** the future

アメリカの立場を**弱める**

1763

**adore** him as a god

人間の血を**吸う**

1764

yearn (　) freedom

戦うことを誓う

F E A Fi 多
動 名 形 副 他

1765

undermine the US position

未来を予知する

F E A Fi 多
動 名 形 副 他

1766

suck blood from humans

神として彼を崇拝する

1767

**pledge** to support them

事実を歪曲(わいきょく)する

F E A Fi 多
動 名 形 副 他

1768

**intrude** (　　) his privacy

火を消す

同熟 put out

F E A Fi 多
動 名 形 副 他

1769

**sue** a doctor

群衆に説教する

F E A Fi 多
動 名 形 副 他

1770

**distort** the facts

彼らを支持することを**誓う**

F E A Fi 多
動 名 形 副 他

1771

**extinguish** the fire

同熟？

彼のプライバシーに**立ち入る**（on［into］）

F E A Fi 多
動 名 形 副 他

1772

**preach** to the crowd

医者を**訴える**

F E A Fi 多 / 動 名 形 副 他

1773

**curb** population growth

詩を**暗唱する**

F E A Fi 多 / 動 名 形 副 他

1774

**withstand** high temperatures

彼のポケットにお金を**押し込む**

F E A Fi 多 / 動 名 形 副 他

1775

**dip** the meat in the sauce

彼女に戻るよう**嘆願する**（**with** [**for**]）

名 plea「嘆願」「弁解，申し立て」

1776

**recite** poetry

人口増加を**抑制する**

1777

F E A Fi 多
動 名 形 副 他

**thrust** the money into his pocket

高温に**耐える**

1778

F E A Fi 多
動 名 形 副 他

**plead** (　) her to come back

名？

ソースに肉を**ひたす**

F E A Fi 多
動 名 形 副 他

1779

**humiliate him in front of others**

情報を**検索する**

F E A Fi 多
動 名 形 副 他

1780

**discharge waste into rivers**

肩を**すくめる**

F E A Fi 多
動 名 形 副 他

1781

**condemn his behavior**

反応を**呼び起こす**

1782

**retrieve** information

人前で彼に**恥をかかせる**

F E A Fi 多
動 名 形 副 他

1783

**shrug** your shoulders

川に廃水を**放出する**

F E A Fi 多
動 名 形 副 他

1784

**evoke** a response

彼の振る舞いを**非難する**

F E A **Fi** 多
**動** 名 形 副 他

1785

**fetch** water from the river

**織物**工業

F E A **Fi** 多
**動** 名 形 副 他

1786

**flatter** the boss

**材木**を切る

同 lúmber「材木」

F E A **Fi** 多
動 **名** 形 副 他

1787

write **prose** and poetry

反？

フランス美術の**傑作**

F E A Fi 多
動 名 形 副 他

1788

the **textile** industry

川から水を**取ってくる**

F E A Fi 多
動 名 形 副 他

1789

cut **timber**

同？

上司に**おせじを言う**

F E A Fi 多
動 名 形 副 他

1790

**masterpiece**s of French art

**散文**と詩を書く

反 verse「韻文，詩」

1791

**an anti-government riot**

くだらないことに**大騒ぎ**する (**about**)

1792

**a train carriage**

ビタミンの**欠乏**

アク [difíʃənsi]

1793

**breathing apparatus**

同?

財産の**相続人** (**to**)

発音 [éər]

A air

1794

make a **fuss** (　　) nothing

反政府の**暴動**

1795

a vitamin **deficiency**

アク？

列車の**車両**

1796

the **heir** (　　) a fortune

発音？

 同じ発音の語は？

呼吸**装置**

同 equípment

1797

**a jungle (　　) the equator**

水が**蒸気**に変わる

発音 [véipər]

動 eváporate「蒸発する；消える」

F E A Fi 多 動 名 形 副 他

1798

**import petroleum**

宇宙**探査機**

F E A Fi 多 動 名 形 副 他

1799

**an evil witch**

プログラミングの**専門知識**（**in**）

1800

Water changes into v<u>a</u>por.

発音？ 動？

赤道直下のジャングル（at）

1801

a space probe

石油を輸入する

1802

expertise（　）programming

邪悪な魔女

F E A Fi 多
動 名 形 副 他

1803

a look of **scorn**

**罪**に対する罰

F E A Fi 多
動 名 形 副 他

1804

the **prophet**s of the Bible

血糖の**急増**

F E A Fi 多
動 名 形 副 他

1805

a cool **breeze** from the sea

医療を**補うもの**

1806

punishment for **sin**

**軽蔑**のまなざし

F E A Fi 多
動 名 形 副 他

1807

a **surge** in blood sugar

聖書の**預言者**

F E A Fi 多
動 名 形 副 他

1808

a **complement** to medical treatment

海からの涼しい**そよ風**

1809

**wait in a queue**

裁判官と**陪審員**（団）

F E A Fi 多
動 名 形 副 他

1810

**a high-stakes poker game**

ニューロンの**集団**（of）

F E A Fi 多
動 名 形 副 他

1811

**the French ambassador (　　) Japan**

頭の**こぶ**

1812

**the judge and jury**

一列で待つ

F E A Fi 多
動 名 形 副 他

1813

**a cluster (　) neurons**

賭け金の高いポーカー

F E A Fi 多
動 名 形 副 他

1814

**a lump on the head**

駐日フランス大使（to）

1815

the green **meadow**

寒気を感じる

1816

accomplish a remarkable **feat**

電気器具

1817

artistic **temperament**

彼の前任の経営者

succéssor「後任者：相続者」

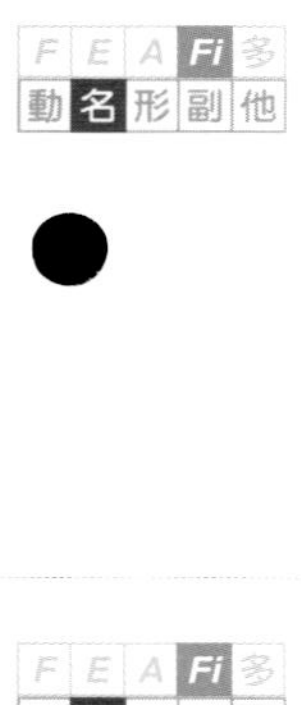


1818

feel a **chill**

緑の**牧草地**

発音 [médou]

F E A Fi 多
動 名 形 副 他

1819

electrical **appliances**

すばらしい**偉業**をなしとげる

F E A Fi 多
動 名 形 副 他

1820

his **predecessor** as manager

反？

芸術的な**気質**

F E A Fi 多 動 名 形 副 他

1821

a child as a separate **entity**

住民のほんの一**部分**

F E A Fi 多 動 名 形 副 他

1822

receive warm **hospitality**

**大災害**を防止する

F E A Fi 多 動 名 形 副 他

1823

a **narrative** of his journey

イギリスの**君主**

発音 [mánərk]

1824

**a small segment of the population**

独立した**存在**としての子供

F E A Fi 多
動 名 形 副 他

1825

**prevent a catastrophe**

あたたかい**もてなし**を受ける

F E A Fi 多
動 名 形 副 他

1826

**the British monarch**

彼の旅行の**話**

発音？

1827

due to time **constraint**s

**通路**を歩く（down）

F E A Fi 多
動 名 形 副 他

1828

an **amendment** to the law

**階級制度**の頂点

F E A Fi 多
動 名 形 副 他

1829

the structure of the **cosmos**

高速道路の**通行料**

1830

walk (　　) the **aisle**

時間的**制約**があるので

F E A Fi 多
動 名 形 副 他

1831

the top of the **hierarchy**

法律の**改正**

F E A Fi 多
動 名 形 副 他

1832

an expressway **toll**

**宇宙**の構造

1833

a **transaction** with the company

動物寄生生物

1834

A **burglar** broke into the house.

女の直感

1835

put up with **tyranny**

元共産主義の国々

1836

an animal **parasite**

その会社との**取引**

F E A Fi 多
動 名 形 副 他

1837

women's **intuition**

その家に**強盗**が入った

F E A Fi 多
動 名 形 副 他

1838

former **communist** countries

**圧政**に耐える

1839

F E A Fi 多 / 動 名 形 副 他

a **legacy** of the Renaissance

**乳**製品（products）

1840

F E A Fi 多 / 動 名 形 副 他

the **vein**s in the forehead

アジアの美術と**工芸品**

1841

F E A Fi 多 / 動 名 形 副 他

a **discourse** on politics

欲求不満の**はけ口**

1842

dairy (　)

ルネサンスの**遺産**

1843

F E A Fi 多
動 名 形 副 他

**Asian art and artifacts**

額の**静脈**

1844

F E A Fi 多
動 名 形 副 他

**an outlet for frustration**

政治についての**論説**

1845

F E A Fi 多
動 名 形 副 他

**watch with apprehension**

珍しい植物の**標本**

1846

F E A Fi 多
動 名 形 副 他

**a mood of melancholy**

アク？

よい**衛生**習慣

1847

F E A Fi 多
動 名 形 副 他

**the quest for novelty**

ゲリラ**戦術**を使う

1848

a **specimen** of a rare plant

不安そうに見つめる

1849

good **hygiene** practices

憂うつな気分

[mélənkɑli]

1850

use guerrilla **tactics**

目新しさの追求

1851

a **monopoly** on the tea market

敵に**復讐**する（on）

1852

as a **token** of our friendship

人権**活動家**

1853

F E A Fi 多
動 名 形 副 他

the English **aristocracy**

アク？

中身のない**美辞麗句**

1854

take **revenge** (　　) an enemy

茶の市場の**独占**

動 monópolize「～を独占する」

F E A Fi 多
動 名 形 副 他

1855

a human rights **activist**

我々の友情の**印**として

F E A Fi 多
動 名 形 副 他

1856

empty **rhetoric**

イギリスの**貴族階級**

アク [æristákrəsi]

1857

a successful **entrepreneur**

インターネットの**出現**（of）

F E A Fi 多
動 名 形 副 他

1858

take a **census** every ten years

心臓とポンプの**類似点**

F E A Fi 多
動 名 形 副 他

1859

be（　）the **verge**（　）
extinction

**かんがい**システム

1860

the **advent** (　) the Internet

成功した**起業家**

F E A Fi 多
動 名 形 副 他

1861

an **analogy** between the heart and a pump

10年毎に**国勢調査**をおこなう

F E A Fi 多
動 名 形 副 他

1862

**irrigation** systems

絶滅の**瀬戸際**にいる（on）（of）

F E A Fi 多
動 名 形 副 他

1863

**media coverage of the accident**

道路の**危険**

F E A Fi 多
動 名 形 副 他

1864

**traditional French cuisine**

**手足**が長い

1865

**a menace to world peace**

敵基地への**攻撃**（**on**）

1866

the **peril**s of the road

メディアによるその事故の**報道**

1867

F E A Fi 多
動 名 形 副 他

have long **limb**s

伝統的なフランス**料理**

1868

F E A Fi 多
動 名 形 副 他

**assault** (　　) the enemy's base

世界平和に対する**脅威**

F E A Fi 多
動 名 形 副 他

1869

**hatred of war**

政府の**補助金**

F E A Fi 多
動 名 形 副 他

1870

**patient autonomy**

他者への**共感**（**for**）

F E A Fi 多
動 名 形 副 他

1871

**go to cram school**

**俗語**表現

1872

a government **subsidy**

戦争に対する**憎しみ**

F E A Fi 多
動 名 形 副 他

1873

**empathy** (　　) others

患者の**自主性**

F E A Fi 多
動 名 形 副 他

1874

**slang** expressions

**塾**に通う

1875

**maintain good posture**

脳**腫瘍**がある

F E A Fi 多
動 名 形 副 他

1876

**a political ideology**

**交差点**で右に曲がる（**at**）

F E A Fi 多
動 名 形 副 他

1877

**Wealth can be a curse.**

契約の**期間**

1878

F E A Fi 多
動 名 形 副 他

have a brain **tumor**

よい**姿勢**を保つ

1879

F E A Fi 多
動 名 形 副 他

turn right (　) the **intersection**

政治的な**イデオロギー**

1880

F E A Fi 多
動 名 形 副 他

the **duration** of the contract

富は**災いのもと**になりうる

反 bléssing「ありがたいもの，恵み；祝福」

1881

**deforestation in the Amazon**

彼女の**欠点**を我慢する

1882

F E A Fi 多
動 名 形 副 他

**take precautions against fires**

芸術家になりたいという**熱望**

1883

F E A Fi 多
動 名 形 副 他

**a bunch of flowers**

心理学者と**精神科医**

1884

put up with her shortcomings

アマゾンの森林破壊

F E A Fi 多
動 名 形 副 他

1885

aspirations to be an artist

火事に用心する

F E A Fi 多
動 名 形 副 他

1886

psychologists and psychiatrists

ひとたばの花

1887

packaging and **shipping**

**部下**に指示する

1888

a United States **Senator**

**空白**を埋める

例「社会的に孤立して暮らす」

1889

an international **statesman**

同?

真理の**探究**（for）

1890

**instruct a** subordinate

包装と**発送**

F E A Fi 多
動 名 形 副 他

1891

**fill a** vacuum

例 live in a social vacuum

合衆国**上院議員**

F E A Fi 多
動 名 形 副 他

1892

**the** quest ( ) **the truth**

国際的な**政治家**

 politícian

F E A Fi 多
動 名 形 副 他

1893

Buddhist meditation

ぼろを着ている

F E A Fi 多
動 名 形 副 他

1894

subscribers to the service

さびで覆われる

F E A Fi 多
動 名 形 副 他

1895

solve a riddle

公衆衛生

1896

be dressed in **rags**

仏教の**瞑想**(めいそう)

F E A Fi 多
動 名 形 副 他

1897

be covered with **rust**

その事業の**加入者**

F E A Fi 多
動 名 形 副 他

1898

public **sanitation**

**謎**を解く

1899

(　) the **midst** (　) the lecture

過去の**記憶**がない

1900

childhood **mischief**

北**緯**38度

反 lóngitude「経度」

1901

an English **proficiency** test

二国間の**摩擦**（between）

1902

have no recollection of the past

授業のまっただ中に（in）（of）

F E A Fi 多
動 名 形 副 他

1903

38 degrees north latitude

反？

子供時代のいたずら

F E A Fi 多
動 名 形 副 他

1904

friction（　）the two countries

英語検定試験

1905

**Botanists study plants.**

ヒトの脳の**構造**

1906

**Mendel's laws of heredity**

**誠実**な人

1907

**contempt (　) authority**

**貨物**船

1908

the **anatomy** of the human brain

**植物学者**は植物を研究する

1909

F E A Fi 多
動 名 形 副 他

a man of **integrity**

メンデルの**遺伝**の法則

1910

F E A Fi 多
動 名 形 副 他

a **cargo** ship

権威に対する**軽蔑**（for）

反 respéct「尊敬」

1911

take a **bribe**

アメリカの貿易**赤字**

◆「注意欠陥多動性障害」(ADHD)

1912

a massive volcanic **eruption**

人口の**大部分**（of）

1913

weddings and **funeral**s

**百万長者**と結婚する方法

F E A Fi 多 / 動 名 形 副 他

1914

America's trade **deficit**

◆attention deficit hyperactive disorder

**わいろ**を受け取る

F E A Fi 多 / 動 名 形 副 他

1915

the **bulk** (　) the population

大規模な火山の**噴火**

F E A Fi 多 / 動 名 形 副 他

1916

how to marry a **millionaire**

結婚式と**葬式**

1917

**be burned to ashes**

すきを持った農民

発音 [pláu]

1918

**outside the realm of science**

自動販売機で飲み物を買う

1919

**workers on banana plantations**

孤児の世話をする

1920

a farmer with his **plow**

発音？

燃えて**灰**になる

1921

F E A Fi 多
動 名 形 副 他

buy a drink from
a **vending** machine

科学の**領域**外

1922

F E A Fi 多
動 名 形 副 他

look after **orphans**

バナナ**農園**の労働者

1923

**connections between neurons** 遺伝子の**突然変異**

F E A Fi 多
動 名 形 副 他

1924

**destroy the vegetation in the area** その都市の**下水**設備

F E A Fi 多
動 名 形 副 他

1925

**a brave warrior** 新しい**理論的枠組**を提起する

1926

a genetic **mutation**

**ニューロン**間の結合

1927

F E A Fi 多
動 名 形 副 他

the city's **sewage** system

その地域の**植生**を破壊する

1928

F E A Fi 多
動 名 形 副 他

propose a new **paradigm**

勇敢な**戦士**

1929

**the Kyoto Protocol**

政府の**官僚**

F E A Fi 多
動 名 形 副 他

1930

**build a hundred-story**
**skyscraper**

非常に**多彩**なスパイス（**of**）

F E A Fi 多
動 名 形 副 他

1931

**His opinion is (　) accord (　) mine.**

文明同士の**衝突**

1932

government **bureaucrats**

京都**議定書**

F E A Fi 多
動 名 形 副 他

1933

a vast **array** (　) spices

100階の**超高層ビル**を建てる

F E A Fi 多
動 名 形 副 他

1934

a **clash** of civilizations

彼の意見は私と**一致**する（in）（with）

F E A Fi 多
動 名 形 副 他

1935

endure terrible **torture**

4**桁**の数字

F E A Fi 多
動 名 形 副 他

1936

Queen Victoria's **reign**

発音？

政治的**課題**

F E A Fi 多
動 名 形 副 他

1937

a graduation **thesis**

認知症の**発症**

1938

a four-**digit** number

恐ろしい**拷問**に耐える

1939

F E A Fi 多
動 名 形 副 他

a political **agenda**

ヴィクトリア女王の**統治**

発音 [réin]

1940

F E A Fi 多
動 名 形 副 他

the **onset** of dementia

卒業**論文**

F E A **Fi** 多
動 **名** 形 副 他

1941

landless **peasants** in India

発音？

透き通った絹のナイトガウン

F E A **Fi** 多
動 名 **形** 副 他

1942

harmful **ultraviolet** light

薄暗い明かりで本を読む

F E A **Fi** 多
動 名 **形** 副 他

1943

a world-**renowned** singer

正当な要求

1944

a **transparent** silk nightgown

インドの土地を持たない**小作農**

[pézənt]

F E A Fi 多
動 名 形 副 他

1945

read in **dim** light

有害な**紫外**線

F E A Fi 多
動 名 形 副 他

1946

a **legitimate** claim

世界的に**有名な**歌手

1947

**the adverse effect of global warming**

私は見かけほど**ばか**ではない

発音 [dʌ́m]

F E A Fi 多
動 名 形 副 他

1948

**a swift reaction**

**暗い**見通し

F E A Fi 多
動 名 形 副 他

1949

**naive young people**

父は私に**激怒した**（**with**）

1950

I'm not as dumb as I look.

地球温暖化の悪影響

1951

gloomy prospects

すばやい反応

F E A Fi 多
動 名 形 副 他

1952

My father was furious (　　) me.

世間知らずの若者

1953

**make an earnest effort**

邪悪な欲望

1954

**What a terrific idea!**

Q terribleとの違いは？

主観的な印象

反 objéctive「客観的な」

1955

**a vertical wall of rock**

反？

進んだ考えの若者たち

1956

**a wicked desire**

**まじめな**努力をする

F E A Fi 多
動 名 形 副 他

1957

**a subjective impression**

反?

何と**すばらしい**考えだろう

A terrible は「ひどい，恐ろしい」
terrific は普通「すごくいい」。

F E A Fi 多
動 名 形 副 他

1958

**enlightened young people**

**垂直な**岩壁

反 horizóntal「水平の」

1959

**authentic Italian food**

まったくの幸運

F E A Fi 多
動 名 形 副 他

1960

**a brutal murder**

いたずらな少年

F E A Fi 多
動 名 形 副 他

1961

**I feel dizzy when I stand up.**

湿ったタオルでふく

1962

F E A Fi 多 動 名 形 副 他

sheer good luck

本物のイタリア料理

1963

F E A Fi 多 動 名 形 副 他

a naughty little boy

残忍な殺人事件

1964

F E A Fi 多 動 名 形 副 他

wipe with a damp towel

立ち上がるとめまいがする

1965

**static electricity**

反？

**無数の**点で異なる

同 cóuntless

F E A Fi 多 動 名 形 副 他

1966

**The plan is doomed (　) failure.**

私の**不器用な**指

F E A Fi 多 動 名 形 副 他

1967

**acute respiratory disease**

**美的**感性

1968

**differ in innumerable ways**

静電気

 dynámic「動的な，精力的な」

1969

**my clumsy fingers**

その計画は失敗する運命にある（to）

F E A Fi 多 / 動 名 形 副 他

1970

**aesthetic sensibility**

急性呼吸器病

1971

be **obsessed** (　　) dieting

彼の**無謀な**運転

1972

動 名 形 副 他

a life **detached** (　　) the world

あいつの**ごう慢な**態度

1973

動 名 形 副 他

a **wrecked** ship

その問題で**頭がいっぱいだ**（with）

1974

his **reckless** driving

ダイエットに**とりつかれている**（**with**）

名 obséssion「〈妄想などに〉とりつかれること，強迫観念」

1975

F E A Fi 多
動 名 形 副 他

his **arrogant** attitude

世間から**切り離された**生活（**from**）

1976

be **preoccupied** (　　) the problem

**難破した**船

1977

a **gigantic** spaceship

**明らかな**誤り

名 manifestátion「明らかになること；現れ」

1978

the most **conspicuous** example

部屋を**きちんと**しておく

1979

a **slender** girl with long hair

**懐疑的な**人生観

F E A Fi 多
動 名 形 副 他

1980

a **manifest** mistake

名?

巨大な宇宙船

F E A Fi 多
動 名 形 副 他

1981

keep the room **tidy**

最も顕著な例

F E A Fi 多
動 名 形 副 他

1982

a **skeptical** view of life

長い髪のすらりとした女の子

F E A **Fi** 多
動 名 **形** 副 他

1983

a **notorious** crime

同？

学習する機会が**豊富に**ある

F E A **Fi** 多
動 名 **形** 副 他

1984

an **anonymous** letter

**こぎれいな**服装

F E A **Fi** 多
動 名 **形** 副 他

1985

a **monotonous** school life

アク？

**野蛮な**暴力

1986

have **ample** opportunity to learn

悪名高い犯罪

infamous アク [ínfəməs]

1987

a **trim** appearance

匿名の手紙

1988

**savage** violence

単調な学校生活

[mənɑ́tənəs]

F E A Fi 多
動 名 形 副 他

1989

a logically **coherent** system

青少年の犯罪の増加

F E A Fi 多
動 名 形 副 他

1990

an **eloquent** speech

義務教育

F E A Fi 多
動 名 形 副 他

1991

a **foul**-smelling gas

燃えやすい (to)

1992

a rise in **juvenile** crime

論理的に**一貫した**制度

F E A Fi 多
動 名 形 副 他

1993

**compulsory** education

**雄弁な**演説

F E A Fi 多
動 名 形 副 他

1994

be **prone** (　　) catch fire

**不快な**においのするガス

発音 [fául]

1995

an **arbitrary** decision

やさしい笑顔

1996

F E A Fi 多
動 名 形 副 他

an **ingenious** design

彼の振る舞いに**憤慨している**

1997

F E A Fi 多
動 名 形 副 他

the **divine** right of kings

金の**本来の**価値

1998

a **tender** smile

勝手な決定

1999

F E A Fi 多
動 名 形 副 他

be **outraged** by his behavior

独創的な設計

2000

F E A Fi 多
動 名 形 副 他

the **intrinsic** value of gold

神聖なる王の権利

2001

be **paralyzed** from the waist down

**名高い**科学者

F E A Fi 多 動 名 形 副 他

2002

be **compatible** (　) their values

アク?

**強力な**武器

F E A Fi 多 動 名 形 副 他

2003

shout **patriotic** slogans

完全に**正気を失っている**

反 sane「正気の」

2004

an **eminent** scientist

下半身が**麻痺（まひ）している**

F E A Fi 多
動 名 形 副 他

2005

a **potent** weapon

彼らの価値観に**適合する**（with）

アク [kəmpǽtəbl]

F E A Fi 多
動 名 形 副 他

2006

be completely **insane**

反？

**愛国的な**スローガンを叫ぶ

2007

a **staple** food

**最も**重要である

2008

**secondhand** smoke

社会の**不可欠な**部分（of）

2009

**indigenous** peoples of Australia

**複雑な**模様

2010

be of the **utmost** importance

主食

2011

F E A Fi 多
動 名 形 副 他

an **integral** part (　　) society

間接喫煙［副流煙］

2012

F E A Fi 多
動 名 形 副 他

**intricate** pattern

オーストラリアの先住民

2013

F E A Fi 多
動 名 形 副 他

**demographic** changes

彼と結婚する**決意をしている**（on）

例「悪意で」

2014

a **mighty** king

非常に**興味深い**問題

2015

The building remains **intact.**

**陽気な**メリーと結婚する

2016

be **intent** (　) marrying him

例 with evil intent

人口統計の変化

F E A Fi 多
動 名 形 副 他

2017

a very **intriguing** question

強力な王

名 might「力」

F E A Fi 多
動 名 形 副 他

2018

marry **merry** Mary

その建物は無傷のままだ

2019

**perpetual** peace

義務的な安全基準

F E A Fi 多
動 名 形 副 他

2020

a **spinal** injury

まっすぐに立つ

F E A Fi 多
動 名 形 副 他

2021

be **susceptible** to disease

不意に停止する

F E A Fi 多
動 名 形 副 他

2022

**mandatory** standards for safety

永続する平和

F E A Fi 多
動 名 形 副 他

2023

stand **upright**

脊椎のけが

F E A Fi 多
動 名 形 副 他

2024

stop **abruptly**

病気にかかりやすい

2025

He's a dog lover. **Conversely,** I'm a cat lover.

2026

**predominantly** female jobs

2027

He wrote it down **lest** he forget.

彼は犬好きだ。**逆に**私は猫好きだ。

**主に**女性の仕事

忘れ**ないように**彼は書き留めた

F E A Fi 多
動 名 形 副 他

F E A Fi 多
動 名 形 副 他

1

**run** a big company

同？

投票する**権利**

2-1

**meet** people's needs

**善**と悪

2-2

how to **meet** the problem

私の家の**すぐ**前に

3-1

**the right to vote**

大会社を**経営する**

mánage

3-2

**right and wrong**

人々の必要を**満たす**

3-3

**right in front of my house**

問題に**対処する**方法

4-1

The war **lasted** four years.

彼は**最近**1年間に2回引っ越した

4-2

Our food will **last** a week.

この暑さ**には耐え**られない

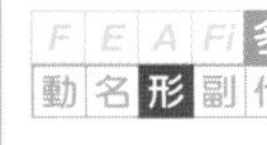


4-3

the **last** man who would tell a lie

さあ君の**番**だ

4-4

He's moved twice in the last year.

戦争は4年続いた

5

I can't stand this heat.

食料は1週間持つだろう

6-1

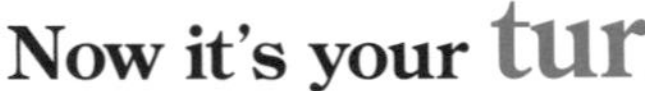

Now it's your turn.

最もうそをつきそうにない人

F E A Fi 多
動 名 形 副 他

6-2

the **turn** of the century

戦争を支持する**主張**をする（for）

F E A Fi 多
動 名 形 副 他

7-1

It is also the **case**（　）him.

マラリアの新しい**患者**［症例］

F E A Fi 多
動 名 形 副 他

7-2

a murder **case**

問題に**直面する**

7-3

make a case (　) war

世紀の変わり目

F E A Fi 多
動 名 形 副 他

7-4

new cases of malaria

それは彼についても事実だ（with）

F E A Fi 多
動 名 形 副 他

8-1

face a problem

殺人事件

F E A Fi 多
動 名 形 副 他

8-2

**problems facing Japan**

私は彼の成功を**確信している**（of）

F E A Fi 多
動 名 形 副 他

8-3

**lose face**

彼が来るのは**確実だ**

F E A Fi 多
動 名 形 副 他

9-1

**a certain amount of time**

悪い**仲間**とつきあう

諺「つきあっている仲間で人がわかる」

9-2

I am **certain** (　) his success.

日本に**迫っている**問題

F E A Fi 多
動 名 形 副 他

9-3

He is **certain** to come.

**面目**を失う

F E A Fi 多
動 名 形 副 他

10-1

keep bad **company**

諺 A man is known by the company he keeps.

**ある**程度の時間

10-2

I enjoy your **company.**

患者を**世話する**

F E A Fi 多
動 名 形 副 他

10-3

We have **company** today.

彼の言うことに**注意する**（to）

F E A Fi 多
動 名 形 副 他

11-1

**attend** the meeting

彼は努力した。**さもなければ**失敗しただろう。

11-2

**attend** to patients

君と**一緒にいること**は楽しい

F E A Fi 多
動 名 形 副 他

11-3

**attend** (　　) what he says

今日は**来客**がある

F E A Fi 多
動 名 形 副 他

12-1

He worked hard; **otherwise** he would have failed.

ミーティングに**出席する**

12-2

He is poor but **otherwise** happy.

終電車に**乗り遅れる**

F E A Fi 多
動 名 形 副 他

12-3

He is honest, but people think **otherwise**.

時には日本が**恋しい**

F E A Fi 多
動 名 形 副 他

12-4

I can't do it **otherwise**.

**見逃す**はずないよ

13-1

**miss** the last train

彼は貧しいが**その他の点では**幸福だ

F E A Fi 多
動 名 形 副 他

13-2

I sometimes **miss** Japan.

彼は正直なのに人は**ちがう**と思っている

F E A Fi 多
動 名 形 副 他

13-3

You can't **miss** it.

**ちがう方法で**はできない

F E A Fi 多 動 名 形 副 他

14-1

use scientific **terms**

理論と**実践**

F E A Fi 多 動 名 形 副 他

14-2

long-**term** planning

商**習慣**

F E A Fi 多 動 名 形 副 他

14-3

I am (　) good **terms** (　) him.

医者を**営む**

15-1

theory and **practice**

科学を使う

15-2

F E A Fi 多 / 動 名 形 副 他

business **practice**

長的な計画

15-3

F E A Fi 多 / 動 名 形 副 他

**practice** medicine

彼とは仲がよい（on）（with）

| F | E | A | Fi | 多 |
|---|---|---|---|---|
| 動 | **名** | 形 | 副 | 他 |

16-1

face a new **challenge**

政治**問題**

| F | E | A | Fi | 多 |
|---|---|---|---|---|
| **動** | 名 | 形 | 副 | 他 |

16-2

**challenge** the theory

命令を**出す**

| F | E | A | Fi | 多 |
|---|---|---|---|---|
| 動 | **名** | 形 | 副 | 他 |

17

a **race** problem

「タイム」の最新**号**

18-1

a political issue

新しい難問に直面する

F E A Fi 多
動 名 形 副 他

18-2

issue an order

その理論に異議をとなえる

F E A Fi 多
動 名 形 副 他

18-3

the latest issue of Time

人種問題

F E A Fi 多
動 名 形 副 他

19-1

the Democratic **Party**

疑問の**余地**はない

F E A Fi 多
動 名 形 副 他

19-2

a **party** of tourists

ある**意味**ではそれは正しい

F E A Fi 多
動 名 形 副 他

19-3

Your **party** is on the line.

彼は**正気**に戻った（to）

20

There is no **room** for doubt.

民主**党**

F E A Fi 多
動 名 形 副 他

21-1

In a **sense**, it is right.

観光客の一**団**

F E A Fi 多
動 名 形 副 他

21-2

He came (　　) his **senses**.

**相手**の方が電話に出ています

F E A Fi 多
動 名 形 副 他

22-1

This pen will **do**.

私たちの**側**の過失（on）

F E A Fi 多
動 名 形 副 他

22-2

**do** harm（　）the area

車を**手放す**（with）

F E A Fi 多
動 名 形 副 他

23-1

play a **part**（　）the economy

正確な**数字**を教えてくれ

23-2

a fault (　) our **part**

このペンで**十分役に立つ**

F E A Fi 多
動 名 形 副 他

23-3

**part** (　) the car

その地域に害を**与える**（to）

24-1

Tell me the exact **figures**.

経済で**役割**を果たす（in）

F E A Fi 多
動 名 形 副 他

24-2

**historical figures**

彼の本当の**性格**

F E A Fi 多
動 名 形 副 他

24-3

**She has a beautiful figure.**

彼は変わった**人物**だ

24-4

**I figure you are busy.**

その小説の**登場人物**

25-1

his true **character**

歴史上の**人物**

25-2

He's an odd **character.**

彼女は**スタイル**が美しい

25-3

the **character**s in the novel

君は忙しいと**思う**

| F | E | A | Fi | 多 |
|---|---|---|---|---|
| 動 | 名 | **形** | 副 | 他 |

26

**the very man I was looking for**

法と**秩序**

| F | E | A | Fi | 多 |
|---|---|---|---|---|
| **動** | 名 | 形 | 副 | 他 |

27-1

**order a book (　　) England**

アルファベット**順**で

| F | E | A | Fi | 多 |
|---|---|---|---|---|
| 動 | **名** | 形 | 副 | 他 |

27-2

**carry out his order**

それは本当らしく**聞こえる**

27-3

**law and order**

私が探していた**まさにその**男

F E A Fi 多
動 名 形 副 他

27-4

**in alphabetical order**

英国に本を**注文する**（from）

F E A Fi 多
動 名 形 副 他

28-1

**That sounds true.**

彼の**命令**を遂行する

F E A Fi 多
動 名 **形** 副 他

28-2

a **sound** body

その島までは**距離**が遠い

F E A Fi 多
動 名 形 **副** 他

28-3

She is **sound** asleep.

こちらの**方**へどうぞ

F E A Fi 多
動 **名** 形 副 他

29-1

(　　) some **way**s they are right.

将来への**不安**（about）

29-2

The island is a long **way** off.

健全な肉体

29-3

Come this **way**, please.

彼女はぐっすり眠っている

30-1

**concern** (　) the future

いくつかの**点**で彼らは正しい（In）

30-2

**concern ( ) others**

これは**さらに**よい

F E A Fi 多
動 名 形 副 他

30-3

**This problem concerns everyone.**

**まだ**彼は働いている

F E A Fi 多
動 名 形 副 他

30-4

**a matter ( ) great concern**

**さらに**よい考え

F E A Fi 多
動 名 形 副 他

31

This is **even** better.

他人への**思いやり**（for）

F E A Fi 多
動 名 形 副 他

32-1

He is **still** working.

この問題はみんなに**関係する**

F E A Fi 多
動 名 形 副 他

32-2

a **still** better idea

大変**重要**な問題（of）

32-3

**The water became still.**

好きだ。**本気で言ってる**んだ。

32-4

**It's raining. Still, I have to go.**

彼は私に**意地悪だ**

33-1

**I meant (　) call you sooner.**

電車に傘を**置き忘れる**

33-2

I love you. I **mean** it.

水は**静かに**なった

F E A Fi 多
動 名 形 副 他

33-3

He is **mean** to me.

雨だ。**それでも**行かねばならない。

F E A Fi 多
動 名 形 副 他

34-1

**leave** an umbrella on the train

すぐに電話する**つもりだった**（to）

34-2

**leave the door open**

たいていの人はそう考える

F E A Fi 多
動 名 形 副 他

34-3

**There is little time left.**

非常に重要な点

F E A Fi 多
動 名 形 副 他

34-4

**take paid parental leave**

状況は変わった

35-1

**Most** people think so.

ドアを開けたまま**放置する**

F E A Fi 多
動 名 形 副 他

35-2

a **most** important point

**残り**時間はほとんどない

F E A Fi 多
動 名 形 副 他

36

**Things** have changed.

有給の育児**休暇**を取る

37-1

against his **will**

意見を**述べる**

F E A Fi 多
動 名 形 副 他

37-2

leave a **will**

**国家**の機密

F E A Fi 多
動 名 形 副 他

38-1

an excited **state** of mind

歩くのは**いやで**はない

F E A Fi 多
動 名 形 副 他

38-2

**state** an opinion

彼の**意志**に反して

F E A Fi 多
動 名 形 副 他

38-3

a **state** secret

**遺言**を残す

F E A Fi 多
動 名 形 副 他

39-1

I don't **mind** walking.

興奮した精神**状態**

F E A Fi 多
動 名 形 副 他

39-2

**talented minds**

やわらかい**物質**

F E A Fi 多
動 名 形 副 他

40

**I cannot help laughing.**

私の車はどこか**異常**だ（**with**）

F E A Fi 多
動 名 形 副 他

41-1

**It doesn't matter what he says.**

コミュニケーションの**手段**

41-2

soft **matter**

才能ある**人々**

F E A Fi 多
動 名 形 副 他

41-3

Something is the **matter** (　　) my car.

笑わ**ずにはいられない**

F E A Fi 多
動 名 形 副 他

42-1

a **means** of communication

彼が何と言おうと**重要で**はない

F E A Fi 多
動 名 形 副 他

42-2

a man of **means**

いくつかの**点**で

F E A Fi 多
動 名 形 副 他

43-1

the **contents** of her letter

法を**尊重する**

F E A Fi 多
動 名 形 副 他

43-2

be **content** (　) the result

**推理する**能力

44-1

in some **respects**

**資産**家

F E A Fi 多
動 名 形 副 他

44-2

**respect** the law

彼女の手紙の**内容**

F E A Fi 多
動 名 形 副 他

45-1

the ability to **reason**

結果に**満足している**（with）

F E A Fi 多
動 **名** 形 副 他

45-2

He lost all **reason.**

平和**運動**を推進する

F E A Fi 多
動 **名** 形 副 他

46-1

the **cause** of the failure

会合を**開く**

F E A Fi 多
**動** 名 形 副 他

46-2

**cause** a lot of trouble

彼らは地球は平らだと**考える**

46-3

**advance the cause of peace**

彼はすっかり**理性**を失った

F E A Fi 多
動 名 形 副 他

47-1

**hold a meeting**

失敗の**原因**

F E A Fi 多
動 名 形 副 他

47-2

**They hold that the earth is flat.**

多くの問題を**引き起こす**

F E A Fi 多
動 名 形 副 他

48-1

make a fortune in oil

自然科学と人文科学

F E A Fi 多
動 名 形 副 他

48-2

bring good fortune

目的を果たす手段

反 means

F E A Fi 多
動 名 形 副 他

49-1

the future of humanity

新しい会社を作る

49-2

**science and the humanities**

石油で財産を築く

F E A Fi 多
動 名 形 副 他

50

**a means to an end**

反？

幸運をもたらす

F E A Fi 多
動 名 形 副 他

51-1

**form a new company**

人類の未来

51-2

fill (　) the application **form**

おつりはいりません

51-3

Knowledge is a **form** (　) power.

現在の住所

52-1

I have no **change** with me.

現在と未来

52-2

Keep the **change.**

申込**用紙**に記入する（**out**）

53-1

my **present** address

知識は**一種**の力だ（**of**）

53-2

the **present** and future

**小銭**の持ち合わせがない

F E A Fi 多
動 名 形 副 他

53-3

the people **present**

勝者に賞を**与える**（with）

F E A Fi 多
動 名 形 副 他

53-4

**present** a plan（　　）
the president

芸術**作品**

F E A Fi 多
動 名 形 副 他

53-5

**present** Mr. Boyd（　　）you

この計画は**うまく行く**

53-6

**present** the winner (　) the prize

出席している人々

54-1

**work**s of art

社長に計画を**提示する**（to）

54-2

This plan will **work**.

君にボイド氏を**紹介する**（to）

55-1

**One thing leads ( ) another.**

月には**生物**がいない

F E A Fi 多
動 名 形 副 他

55-2

**lead a happy life**

君が何と言おうと**気にし**ない

F E A Fi 多
動 名 形 副 他

55-3

**leading artists**

赤ちゃんはつねに**世話**が必要だ

56

There is no **life** on the moon.

ひとつの事が別の事を**引き起こす**（to）

F E A Fi 多
動 名 形 副 他

57-1

I don't **care** what you say.

幸福な生活を**送る**

F E A Fi 多
動 名 形 副 他

57-2

A baby requires constant **care**.

**一流の**アーティスト

58-1

**middle-class families**

ストレスの**無い**生活（**from**）

A 「自動車乗り入れ禁止区域」
A-free は「A が無い，A 禁止の」だ。

F E A Fi 多 動 名 形 副 他

58-2

**sleep（　）class**

彼らを労働から**解放する**（**from**）

F E A Fi 多 動 名 形 副 他

59

**his natural abilities**

まっすぐパリに**向かう**（**for**）

60-1

**a life free (　　) stress**

Q a car-free zone とはどんな区域？

中流**階級**の家庭

60-2

F E A Fi 多
動 名 形 副 他

**free them (　　) work**

**授業**中にいねむりする（**in**）

61-1

F E A Fi 多
動 名 形 副 他

**head straight (　　) Paris**

彼の**生まれながらの**才能

61-2

**a team headed by a woman**

マイクロソフトと**取引**する（**with**）

62-1

**deal (　) the problem**

教育に関する私の**見解**

62-2

**a great deal of data**

日本を安全な社会と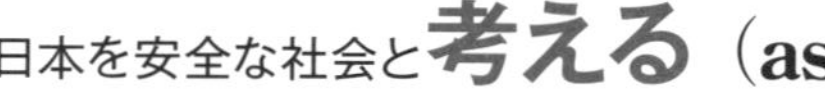（**as**）

62-3

make a **deal** (　) Microsoft

女性に**率いられた**チーム

F E A Fi 多
動 名 形 副 他

63-1

my **view** of education

問題を**処理する**（with）

F E A Fi 多
動 名 形 副 他

63-2

**view** Japan (　) a safe society

**大量**のデータ

F E A Fi 多 動 名 形 副 他

64

**the chance of making them angry**

綿密な検査

F E A Fi 多 動 名 形 副 他

65-1

**very close (　　) the city**

20世紀の終わり

F E A Fi 多 動 名 形 副 他

65-2

**a close friend**

労働者の利益を守る

65-3

a **close** examination

彼らを怒らせる**可能性**

---

F E A Fi 多 / 動 名 形 副 他

65-4

the **close** of the 20th century

都市にとても**近い**（to）

---

F E A Fi 多 / 動 名 形 副 他

66-1

protect workers' **interests**

**親しい**友達

F E A Fi 多 / 動 名 形 副 他

66-2

**lend money at high interest rates**

経済学を**専攻する**（**in**）

F E A Fi 多 / 動 名 形 副 他

67

**fail to understand him**

彼の提案に**同意する**（**to**）

F E A Fi 多 / 動 名 形 副 他

68-1

**a major problem**

発音？

私も君と**同じ考えである**（**with**）

68-2

**major ( ) economics**

高い**利**率で金を貸す

F E A Fi 多
動 名 形 副 他

69-1

**agree ( ) his proposal**

彼を理解**できない**

F E A Fi 多
動 名 形 副 他

69-2

**I agree ( ) you.**

**主要な**問題

発音 [méidʒər]

70-1

**British colonial rule**

肉を**加工する**方法

F E A Fi 多
動 名 形 副 他

70-2

**Small families are the rule in Japan.**

コンピュータでデータを**処理する**

F E A Fi 多
動 名 形 副 他

71-1

**the process of thought**

大**量**の水

71-2

how to **process** meat

イギリスの植民地**支配**

F E A Fi 多
動 名 形 副 他

71-3

**process** data with a computer

日本では小家族が**普通**だ

F E A Fi 多
動 名 形 副 他

72-1

a large **amount** of water

思考の**過程**

F E A Fi 多
動 名 形 副 他

72-2

The expenses **amount** (　　) $90.

**電話**が話し中だ

F E A Fi 多
動 名 形 副 他

72-3

This act **amounts** (　　) stealing.

1**列**に並んで待つ（**in**）

F E A Fi 多
動 名 形 副 他

73

**long** (　　) world peace

彼に**短い手紙**を書く

74-1

The line is busy.

経費は合計90ドルになる（to）

74-2

wait（　）line

この行為は盗みに等しい（to）

74-3

drop him a line

世界平和を切望する（for）

F E A Fi 多
動 名 形 副 他

74-4

this **line** of business

私は病気に**かかりやすい** (to)

F E A Fi 多
動 名 形 副 他

75

a word of six **letters**

**話題**を変えよう

F E A Fi 多
動 名 形 副 他

76-1

People are **subject** ( )
the law.

好きな**学科**は数学です

76-2

I am **subject** (　　) illness.

こういう**種類**の仕事

F E A Fi 多
動 名 形 副 他

76-3

Let's change the **subject**.

6**文字**の単語

F E A Fi 多
動 名 形 副 他

76-4

My favorite **subject** is math.

人は法に**支配される**（to）

76-5

**the subject of the experiment**

スピード違反の**罰金**（for）

F E A Fi 多
動 名 形 副 他

77-1

**the rest of his life**

60ドルの**罰金を科さ**れる

F E A Fi 多
動 名 形 副 他

77-2

**Let's take a rest.**

海岸の**細かい**砂

78-1

the **fine** (　　) speeding

その実験の**被験者**

F E A Fi 多
動 名 形 副 他

78-2

be **fined** $60

彼の**残り**の人生

F E A Fi 多
動 名 形 副 他

78-3

**fine** sand on the beach

**休息**をとろう

F E A Fi 多
動 名 形 副 他

79

My shoes have **worn** thin.

保険で費用を**まかなう**

F E A Fi 多
動 名 形 副 他

80-1

Please **remember** me (　　)
your wife.

大ニュースを**報道［取材］する**

F E A Fi 多
動 名 形 副 他

80-2

**remember** (　　) lock the door

1時間に120マイル**進む**

81-1

The insurance **cover**s the cost.

靴が**すり減って**薄くなった

F E A Fi 多
動 名 形 副 他

81-2

**cover** the big news

奥さんに**よろしく伝えて**ください（to）

F E A Fi 多
動 名 形 副 他

81-3

**cover** 120 miles an hour

**忘れずに**ドアにカギをかける（to）

82

**book** a flight

時間と手間を**省く**

F E A Fi 多
動 名 形 副 他

83

**store** information in a computer

1つを**除き**すべての質問に答える

84-1

**save** money for a new house

うまい料理を**出す**

| F | E | A | Fi | 多 |
|---|---|---|---|---|
| **動** | 名 | 形 | 副 | 他 |

84-2

**save** time and trouble

飛行機を**予約する**

| F | E | A | Fi | 多 |
|---|---|---|---|---|
| 動 | 名 | 形 | 副 | **前** |

84-3

answer all the questions **save** one

コンピュータに情報を**蓄える**

| F | E | A | Fi | 多 |
|---|---|---|---|---|
| **動** | 名 | 形 | 副 | 他 |

85-1

**serve** good food

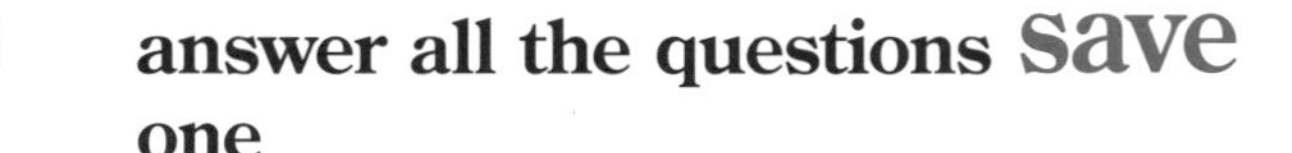

新しい家のためお金を**蓄える**

F E A Fi 多
動 名 形 副 他

85-2

**serve** many purposes

これが失敗の**原因だ**（for）

F E A Fi 多
動 名 形 副 他

85-3

**serve** the king

違いを**説明する**（for）

F E A Fi 多
動 名 形 副 他

86-1

Black people **account** (　)
10% of the population.

書く**技術**

F E A Fi 多 / 動 名 形 副 他

86-2

This **accounts** (　) the failure.

多くの目的に**役立つ**

F E A Fi 多 / 動 名 形 副 他

86-3

**account** (　) the difference

王に**仕える**

F E A Fi 多 / 動 名 形 副 他

87

the **art** of writing

黒人が人口の10%を**占める**（for）

F E A Fi 多 / 動 名 形 副 他

88-1

He was **fired** (　　) his job.

研究の**対象**

F E A Fi 多 / 動 名 形 副 他

88-2

**fire** into the crowd

彼が酒を飲むのに**反対する**（to）

89-1

a strange flying **object**

**なんとか**列車に間に合う（to）

89-2

an object of study

彼は仕事をクビになった（from）

F E A Fi 多
動 名 形 副 他

89-3

object (　) his drinking

群衆に向かって発砲する

F E A Fi 多
動 名 形 副 他

90-1

manage (　) catch the train

奇妙な飛行物体

90-2

**manage** a big company

責任を**引き受ける**

91

(　) what **grounds** do you say that?

**直接の**接触

92-1

**assume** that money can buy happiness

その事実に彼の注意を**向ける**（to）

92-2

**assume** responsibility

大会社を**経営する**

93-1

**direct** contact

どんな**根拠**でそう言うのか（On）

93-2

**direct** his attention（　）the fact

金で幸福が買えると**思い込む**

93-3

**direct** her (　　) the station

彼は**欠点**が多い

F E A Fi 多
動 名 形 副 他

93-4

**direct** the workers

彼は睡眠不足**のせいで**疲れている (to)

F E A Fi 多
動 名 形 副 他

94-1

If he fails, it'll be my **fault.**

**十分な**敬意を払う

94-2

He has a lot of **faults.**

彼女に駅への**道を教える**（to）

| F | E | A | Fi | 多 |
|---|---|---|---|---|
| 動 | 名 | 形 | 副 | 他 |

95-1

He is tired **due**（　）lack of sleep.

労働者たちに**指図する**

95-2

pay **due** respect

彼が失敗したら私の**責任**だ

95-3

**The train is due (　) arrive at ten.**

彼女の好意的な**態度**

95-4

**The report is due next Wednesday.**

つばを吐くのは**行儀**が悪い

96-1

**(　) a scientific manner**

**かなり**長い間

**96-2**

her friendly **manner**

その列車は10時に着く**予定だ**（to）

**96-3**

| F | E | A | Fi | 多 |
|---|---|---|---|---|
| 動 | 名 | 形 | 副 | 他 |

It's bad **manners** to spit.

レポートは水曜が**期限だ**

**97**

| F | E | A | Fi | 多 |
|---|---|---|---|---|
| 動 | 名 | 形 | 副 | 他 |

a **pretty** long time

科学的な**方法**で（in）

98-1

The man **struck** me (　　) strange.

規則的に**運動**する

F E A Fi 多
動 名 形 副 他

98-2

Suddenly an idea **struck** him.

人々に対し権力を**用いる**

98-3

The typhoon **struck** Osaka.

健康を**維持する**

99-1

**get regular exercise**

その男は私に奇妙な**印象を与えた**（as）

F E A Fi 多
動 名 形 副 他

99-2

**exercise power over people**

突然彼にある考えが**浮かんだ**

100-1

**maintain health**

その台風は大阪を**襲った**

100-2

**maintain** that he is innocent

新聞の**記事**

101-1

work for a big **firm**

販売用の**品物**

101-2

a **firm** belief

それが**重要な**ことだ

102-1

**a newspaper article**

彼の無罪を**主張する**

F E A Fi 多
動 名 形 副 他

102-2

**an article for sale**

大きな**会社**に勤める

F E A Fi 多
動 名 形 副 他

103

**That's what counts.**

**堅い**信念

104-1

**appreciate his talent**

強硬な**手段**を用いる

F E A Fi 多
動 名 形 副 他

104-2

**appreciate music**

ある**程度**の尊敬

F E A Fi 多
動 名 形 副 他

104-3

**I appreciate your help.**

英語をうまく**あやつる能力**がある

105-1

take strong **measures**

彼の才能を**高く評価する**

105-2

a **measure** of respect

音楽を**鑑賞する**

F E A Fi 多
動 名 形 副 他

106-1

have a good **command** of English

君の助けに**感謝する**

106-2

The hill **commands** a fine view.

子供を**産む**

106-3

**command** great respect

その問題に関係を**持つ**

107-1

**bear** the pain

予定を**守る**（to）

107-2

**bear** a child

丘からいい景色を**見わたせる**

F E A Fi 多
動 名 形 副 他

107-3

**bear** relation to the matter

大いに尊敬を**集める**

F E A Fi 多
動 名 形 副 他

108-1

**stick** (　　) the schedule

痛みに**耐える**

F E A Fi 多
動 名 形 副 他

108-2

**get stuck on a crowded train**

固定された点

F E A Fi 多
動 名 形 副 他

108-3

**stick out the tongue**

壊れた車を修理する

108-4

**The song stuck in my mind.**

飲み物を作ってあげる

109-1

a **fixed** point

混んだ列車で**動けなく**なる

F E A Fi 多
動 名 形 副 他

109-2

**fix** a broken car

舌を**突き出す**

F E A Fi 多
動 名 形 副 他

109-3

I'll **fix** you a drink.

その歌は私の心に**残った**

F E A Fi 多
動 名 形 副 他

110-1

(　) a similar **fashion**

高い代金を**請求する**

F E A Fi 多
動 名 形 副 他

110-2

**fashion** a new world

彼がその事件の**担当**だ（in）（of）

F E A Fi 多
動 名 形 副 他

111-1

free of **charge**

殺人で**告訴される**（with）

111-2

**charge** a high price

同じような**やり方**で（in）

F E A Fi 多 / 動 名 形 副 他

111-3

He is (　　) **charge** (　　) the case.

新しい世界を**作る**

F E A Fi 多 / 動 名 形 副 他

111-4

be **charged** (　　) murder

**料金**不要で

F E A Fi 多
動 名 形 副 他

112-1

**observe** the comet

実験を**行う**

F E A Fi 多
動 名 形 副 他

112-2

**observe** that prices would fall

**行動**の基準

F E A Fi 多
動 名 形 副 他

112-3

**observe** the rule

電気を**伝える**

F E A Fi 多
動 名 形 副 他

113-1

**conduct** an experiment

彗星を**観察する**

F E A Fi 多
動 名 形 副 他

113-2

the standards of **conduct**

物価は下がると**述べる**

F E A Fi 多
動 名 形 副 他

113-3

**conduct** electricity

規則を**守る**

114-1

**I'll keep my word.**

その話は彼を深く**感動させた**

F E A Fi 多 動 名 形 副 他

114-2

**Could I have a word (　) you?**

スパイスを**少し**加える

F E A Fi 多 動 名 形 副 他

115-1

**get (　) touch (　) him by phone**

ある**程度**まで同意する（**to**）

115-2

The story **touched** him deeply.

私は**約束**を守る

F E A Fi 多
動 名 形 副 他

115-3

add a **touch** of spice

ちょっと**話**があるんですが（with）

F E A Fi 多
動 名 形 副 他

116-1

agree（　）some **degree**

電話で彼に**連絡**をとる（in）（with）

116-2

get a master's **degree**

彼らに市民権を**与えない**

F E A Fi 多
動 名 形 副 他

117

learn a **lesson** from the failure

一**休み**してお茶を飲む

F E A Fi 多
動 名 形 副 他

118-1

**deny** the existence of God

言語の**本質**

118-2

**deny** them their civil rights

修士の**学位**を取る

F E A Fi 多
動 名 形 副 他

119

take a **break** for a cup of tea

失敗から**教訓**を学ぶ

F E A Fi 多
動 名 形 副 他

120

the **nature** of language

神の存在を**否定する**

121-1

a letter **addressed** to him

開会の**演説**

F E A Fi 多
動 名 形 副 他

121-2

**address** climate change

**出版**の自由

F E A Fi 多
動 名 形 副 他

121-3

**address** the audience

時間が**切迫して**いる

121-4

the opening **address**

彼に**宛てられた**手紙

F E A Fi 多
動 名 形 副 他

122-1

the freedom of the **press**

気候変動に**取り組む**

F E A Fi 多
動 名 形 副 他

122-2

be **pressed** for time

聴衆に**呼びかける**

| F | E | A | Fi | 多 |
|---|---|---|---|---|
| 動 | 名 | 形 | 副 | 他 |

123-1

**an expensive item**

彼が来られないのは**残念なこと**だ

| F | E | A | Fi | 多 |
|---|---|---|---|---|
| 動 | 名 | 形 | 副 | 他 |

123-2

**the top news item**

チャンピオンに**勝つ**

| F | E | A | Fi | 多 |
|---|---|---|---|---|
| 動 | 名 | 形 | 副 | 他 |

124-1

**feel pity (　　) the victims**

それは誤りだと**指摘する**（out）

124-2

It's a **pity** that he can't come.

高価な**品物**

F E A Fi 多
動 名 形 副 他

125

**beat** the champion

トップニュースの**記事**

F E A Fi 多
動 名 形 副 他

126-1

**point** (　) that it is wrong

犠牲者に**同情**する（for）

F E A Fi 多
動 名 形 副 他

126-2

There's no **point** (　　) writing it.

彼女が来る**とすぐ**我々は出発できる

F E A Fi 多
動 名 形 副 他

126-3

prove his **point**

健康的な**食事**

F E A Fi 多
動 名 形 副 他

127-1

I lived there **once**.

彼女は**食事制限**をしている（on）

127-2

Once she arrives, we can start.

それを書く**意味**はない（in）

F E A Fi 多
動 名 形 副 他

128-1

a healthy **diet**

彼の**主張**を証明する

128-2

She is（　）a **diet**.

私は**かつて**そこに住んでいた

128-3

**a member of the Diet**

ディナーの**勘定書**

F E A Fi 多
動 名 形 副 他

129

**write a paper on economics**

空港でバッグを**預ける**

F E A Fi 多
動 名 形 副 他

130-1

**cash a check**

メグは**賢い**子だ

F E A Fi 多
動 名 形 副 他

130-2

a dinner check

国会議員

F E A Fi 多
動 名 形 副 他

130-3

check bags at the airport

経済学の論文を書く

F E A Fi 多
動 名 形 副 他

131

Meg is a bright girl.

小切手を現金に換える

F E A Fi 多
動 名 形 副 他

132-1

**a sort of bird**

彼は**きっと**失敗する（**to**）

F E A Fi 多
動 名 形 副 他

132-2

**sort papers by date**

その飛行機はグアム**行きだ**（**for**）

F E A Fi 多
動 名 形 副 他

133

**The case went to court.**

法律に**縛られる**

134-1

He is **bound** (  ) fail.

一**種**の鳥

F E A Fi 多
動 名 形 副 他

134-2

The plane is **bound** (  ) Guam.

日付で書類を**分類する**

F E A Fi 多
動 名 形 副 他

134-3

be **bound** by the law

その事件は**裁判**になった

135-1

a **flat** surface

彼のために少し時間を**割く**

F E A Fi 多
動 名 形 副 他

135-2

live in a **flat** in London

彼の面倒を**省く**

F E A Fi 多
動 名 形 副 他

136-1

have no **spare** money

彼女を助ける努力を**惜しま**ない

136-2

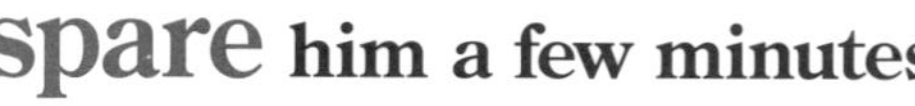

spare him a few minutes

平らな表面

136-3

spare him the trouble

ロンドンのアパートに住む

136-4

spare no effort to help her

余分なお金はない

137-1

**the capital of Australia**

その発見の**功績**

F E A Fi 多
動 名 形 副 他

137-2

**labor and capital**

大学の**単位**

138

**speak in a foreign tongue**

王位を**受け継ぐ**（to）

139-1

**credit** for the discovery

オーストラリアの**首都**

F E A Fi 多
動 名 形 副 他

139-2

college **credits**

労働と**資本**

F E A Fi 多
動 名 形 副 他

140

**succeed** (　　) the crown

外国の**言葉**でしゃべる

F E A Fi 多
動 名 形 副 他

141-1

**settle** the dispute

その都市の**未来像**

F E A Fi 多
動 名 形 副 他

141-2

**settle** in America

**先見の明**のある指導者

141-3

get married and **settle** (　　)

**視力**が弱い

142-1

a **vision** of the city

紛争を**解決する**

F E A Fi 多
動 名 形 副 他

142-2

a leader of **vision**

アメリカに**定住する**

F E A Fi 多
動 名 形 副 他

142-3

have poor **vision**

結婚して**落ち着く**（down）

F E A Fi 多
動 名 形 副 他

143-1

I have but one question.

現状を考慮すると

F E A Fi 多
動 名 形 副 前

143-2

They all went out but me.

君が若いことを考慮すると

F E A Fi 多
動 名 形 副 他

144-1

in a given situation

同じ仕事に対する同じ給料

144-2

**given the present conditions**

1つ**だけ**質問がある

---

F E A Fi 多
動 名 形 副 接

144-3

**given that you are young**

私を**除いて**皆出かけた

---

F E A Fi 多
動 名 形 副 他

145-1

**equal pay for equal work**

ある**特定の**状況で

**145-2**

**Honesty doesn't always pay.**

学生に**規律**を教える

F E A Fi 多
動 名 形 副 他

**146-1**

**a good many people**

いろんな**分野**の科学者たち

F E A Fi 多
動 名 形 副 他

**146-2**

**work for the public good**

電気代の**請求書**

147-1

teach students **discipline**

正直は**割に合う**とは限らない

F E A Fi 多
動 名 形 副 他

147-2

scientists of many **disciplines**

**かなり**多くの人

F E A Fi 多
動 名 形 副 他

148-1

an electricity **bill**

公共の**利益**のために働く

148-2

**a ten dollar bill**

貧困に対する**救済**

F E A Fi 多
動 名 形 副 他

148-3

**pass a bill**

ストレスの**除去**

F E A Fi 多
動 名 形 副 他

149-1

**breathe a sigh of relief**

飛行機に**乗り込む**

149-2

**relief** from poverty

10ドル**紙幣**

F E A Fi 多
動 名 形 副 他

149-3

**relief** from stress

**法案**を可決する

F E A Fi 多
動 名 形 副 他

150-1

**board** a plane

**安心**してため息をつく

150-2

**the school board**

圧力に**屈する**（to）

151

**She got mad at me.**

ラジオはテレビに**取って代わられた**（to）

152-1

**yield food and wood**

**後部**座席

152-2

yield (　　) pressure

教育**委員会**

F E A Fi 多
動 名 形 副 他

152-3

Radio **yielded** (　　) television.

彼女は私に**腹を立てた**

F E A Fi 多
動 名 形 副 他

153-1

a **rear** seat

食料や木材を**産出する**

**153-2** 動

**rear** three children

**恥**と思わない

**154-1** 形

**fancy** restaurant

なんと**残念なこと**か

**154-2** 動

**fancy** myself a novelist

お金を**浪費する**

F E A Fi 多 動 名 形 副 他

155-1

feel no **shame**

3人の子供を**育てる**

F E A Fi 多 動 名 形 副 他

155-2

What a **shame**!

**高級**レストラン

F E A Fi 多 動 名 形 副 他

156-1

**waste** money

自分が小説家だと**想像する**

**156-2**

industrial **waste**

成功したいという強い**欲求**

F E A Fi 多
動 名 形 副 他

**157-1**

**drive** the dog away

イタリア**なまり**の英語

F E A Fi 多
動 名 形 副 他

**157-2**

be **driven** by curiosity

彼はよい教師に**なる**だろう

157-3

my strong **drive** to succeed

産業**廃棄物**

158

English with an Italian **accent**

犬を**追い**払う

F E A Fi 多
動 名 形 副 他

159

He will **make** a good teacher.

好奇心に**駆りたて**られる

F E A Fi 多 / 動 名 形 副 他

160-1

**in his late thirties**

そこには1人もいなかった

F E A Fi 多 / 動 名 形 副 他

160-2

**the late Mr. Ford**

軍備制限

F E A Fi 多 / 動 名 形 副 他

161-1

**her body and soul**

美徳と悪徳

161-2

**There was not a soul there.**

彼の30代の**終わりごろ**に

F E A Fi 多
動 名 形 副 他

162

**arms control**

**故**フォード氏

F E A Fi 多
動 名 形 副 他

163-1

**virtue and vice**

彼女の肉体と**魂**

163-2

**vice** president

駐車**場**

F E A Fi 多
動 名 形 副 他

164

a five-**story** building

彼女は**運命**を受け入れた

F E A Fi 多
動 名 形 副 他

165

She was **moved** by my story.

イルカに新しい**芸**を教える

F E A Fi 多
動 名 形 副 他

166-1

**a parking lot**

**副**大統領

F E A Fi 多
動 名 形 副 他

166-2

**She accepted her lot.**

5**階**建ての建物

F E A Fi 多
動 名 形 副 他

167-1

**teach the dolphin new tricks**

彼女は私の話に**感動した**

167-2

**a trick for memorizing words**

巧妙な**たくらみ**

167-3

**play a trick (　　) the teacher**

そこに新しい会社が**出現する**だろう

167-4

**trick him into buying the pot**

問題を**引き起こす**

167-5

a clever **trick**

単語を覚える**コツ**

F E A Fi 多
動 名 形 副 他

168

New companies will **spring** up there.

先生に**いたずら**する（on）

F E A Fi 多
動 名 形 副 他

169-1

**pose** a problem

彼を**だまして**そのつぼを買わせる

169-2

**pose** a question

聞くことを**メモ**する

170-1

The water is **fit** (　) drink.

アメリカは大国だと彼は**書いた**

170-2

go to the gym to keep **fit**

その本は実話だということに**注意しなさい**

F E A Fi 多
動 名 形 副 他

171-1

take **note**s on what you hear

疑問を**提起する**

F E A Fi 多
動 名 形 副 他

171-2

He **noted** that America is a big country.

その水は飲むのに**適する**（to）

F E A Fi 多
動 名 形 副 他

171-3

**Note** that the book is non-fiction.

**健康で**いるためにジムに通う

171-4

**He is noted ( )**
**his intelligence.**

実験の**対照**群

F E A Fi 多
動 名 形 副 他

171-5

**a ten-pound note**

学校**当局**

F E A Fi 多
動 名 形 副 他

172-1

**gun control laws**

国家の**権力**

172-2

control group

彼は知的なことで有名だ（for）

F E A Fi 多
動 名 形 副 他

173-1

the school authorities

10ポンド紙幣

F E A Fi 多
動 名 形 副 他

173-2

the authority of the state

銃規制法

173-3

an **authority** (　　) biology

旅に出かけたら**どうですか**

F E A Fi 多
動 名 形 副 他

174-1

Consider a fruit, **say**, an orange.

彼女は**ぐっすり**眠っている

F E A Fi 多
動 名 形 副 他

174-2

**Let's say** you have a million dollars.

**細かい**違い

174-3

What do you say to going on a trip?

生物学の**権威**（on）

F E A Fi 多 動 名 形 副 他

175

She is **fast** asleep.

フルーツ, **たとえば**オレンジを考えよ

F E A Fi 多 動 名 形 副 他

176

**minute** differences

君が100万ドル持っていると**仮定しよう**

177

a death **sentence**

新語を**作り出す**

F E A Fi 多
動 名 形 副 他

178

a **gifted** pianist

彼女は私に**魔法**をかけた

F E A Fi 多
動 名 形 副 他

179

apples, peaches, **and the like**

長い日照り**続き**

180

**coin** a new term

死刑の**判決**

F E A Fi 多
動 名 形 副 他

181-1

She cast a **spell** on me.

**才能ある**ピアニスト

F E A Fi 多
動 名 形 副 他

181-2

a long dry **spell**

リンゴや桃**など**

182

an **air** of confidence

私たちの生活は技術に**左右されている**

183

go hunting for big **game**

184-1

We've been **conditioned** to believe that busier is better.

F E A Fi 多
動 名 形 副 他

184-2

**Our lives are conditioned by technology.**

自信がある**様子**

F E A Fi 多
動 名 形 副 他

大きな**獲物**を狩りに行く

F E A Fi 多
動 名 形 副 他

私たちは忙しい方がよいと信じるように
**慣らされている**

F E A Fi 多
動 名 形 副 他

F E A Fi 多
動 名 形 副 他